HEYNE FILMBIBLIOTHEK

FEDERICO FELLINI

Seine Filme – sein Leben

von CLAUDIO G. FAVA / ALDO VIGANO

Deutsche Erstausgabe

WILHELM HEYNE VERLAG
MÜNCHEN

HEYNE FILMBIBLIOTHEK
Nr. 32/128

Herausgeber: Bernhard Matt

Titel der italienischen Originalausgabe
I FILM DI FEDERICO FELLINI
Deutsche Übersetzung Gabriele von Groll-Ysenburg

Redaktion: Cornelia Zumkeller

Umschlagfoto: Archiv Dr. Karkosch, Gilching
Rückseitenfoto: Archiv Lothar Just, München
Innenfotos: Bildarchiv Engelmeier, München; Archiv Dr. Karkosch, Gilching; Interfoto, München; Süddeutscher Verlag, Bilderdienst, München; Deutsche Presse Agentur, München; Stiftung Deutsche Kinemathek, Berlin; Deutsches Institut für Filmkunde, Frankfurt
Umschlaggestaltung: Atelier Ingrid Schütz, München
Printed in Germany 1989
Satz: Fotosatz Völkl, Germering
Druck und Verarbeitung: Ebner, Ulm

ISBN 3-453-03010-9

Inhalt

Fellinis innerste Einsamkeit
7

Biographie
25

Filmographie
67

Filmtitel-Inhaltsverzeichnis
232

Register
233

Fellinis innerste Einsamkeit

Ein fast erdachtes Interview mit Federico

Gewiß, es ist kein sehr origineller Einfall, das eigene Leben mit Hilfe von Filmen an sich vorüberziehen zu lassen. Das gehört zum Kitsch unserer Zeit – einer Zeit, da der Kinofilm als solcher und als verläßlicher Bezugspunkt im Begriff ist auszusterben, wir ihm aber gleichwohl bis zur Unkenntlichkeit zerstückelt und fetzenweise überall wiederbegegnen, jenen »Händchen« in *Amarcord* oder den silbrigen Schnipseln gleich, die 1944 von den Alliierten abgeworfen wurden, um die Radaranlagen der Flak irrezuleiten. Wir scheinen dem Film nicht entrinnen zu können. Zum einen überflutet uns das private Fernsehen mit seinen unzusammenhängenden, miserablen Filmkopien voller Geräusche, mit den schlechten Übergängen, Retuschierungen, den Rauheiten an den Filmrollenenden und den Schwankungen bei Bild und Ton; wo sich die Bilder plötzlich mit erhöhter Geschwindigkeit bewegen und wo uns berühmte Gesichter von Farbrillen und infolge von Überlagerungen der Kanalfrequenzen entstellt wiederbegegnen; mitten in der Nacht und frühmorgens schrekken uns die modulationsarmen und doch bekannten Stimmen der Synchronsprecher auf – eingehüllt in Geräusche, die uns aus Bädern und Küchen entgegenschallen. Es ist, als erlebe man einen sanften, häuslichen Hexensabbat, einen schlaffen Alptraum, den Menschen wohlvertraut, die in Italien leben – jenem Land, in dem jedes Ereignis des alltäglichen Lebens offenbar unausweichlich von nicht definierbaren, halbverborgenen Behörden verwaltet wird, die ihre Befugnisse in selbstsicherer und schamloser Inkompetenz handhaben. Zum anderen ist es dieser zerrissene, zerstückelte Film, der die Bücher beherrscht, die sich auf unseren Schreibtischen und Nachtkästchen häufen – Bücher für jeden Geschmack, für jede Richtung: Erinnerungsbücher, Briefe, kritische Profile,

Drehbücher, Analysen, Vorspanne. Da wird Filmkunst in mundgerechten Häppchen und für alle schmackhaft zubereitet serviert – verspätete französische Moden der sechziger und siebziger Jahre; Post-Mortem-Gestammel altmodischer Filmhistoriker, die noch immer überzeugt davon sind, daß sie verpflichtet seien, die einzelnen Stationen der Entstehung und des Sterbens des Neorealismus zu analysieren; erfundene »Übersetzungen« der Werke nichtexistierender Kritiker jenseits der Alpen, angepaßt an das, was der jeweilige Absatzmarkt erfordert. Filme bestimmen auch die Unterhaltung der Menschen, die zu Hause hocken und sich von Filmen berieseln lassen, sie in sich aufnehmen wie eine unentbehrliche Droge. Es ist wie in den Alpträumen Rauschgiftsüchtiger: Das Gesicht Joan Crawfords überlagert die Züge Lino Banfis, ein blutjunger Dan Duryea wird von verschiedenen Charlot-Verkörperungen verdrängt, die unverwechselbare, charakteristische Stimme Gino Cervis verpufft ihre Wirkung in den hausbackenen Italo-Western von Lucio Fulci; alte Filmstreifen der Cines und der Republik scheinen verfehlt in den mit allen Ingredienzien eines verspießerten und selbstzufriedenen Wohlstands vollgestopften Wohnzimmern.
Trotz alledem: Die Versuchungen einer ordinären, unduldsamen, geschwätzigen und außerdem streng narzißtischen und solipsistischen Memoirenschreiberei, zu der man besonders neigt, wenn man die wurmzerfressene Herkulessäule des fünfzigsten Lebensjahres hinter sich gelassen hat und sich jenem würdelosen, von jugendlichem Sichaufbäumen unterbrochenen Altern nähert (eine Art zu altern, die heutzutage fast obligatorisch erscheint), erweisen sich oft als so stark, daß man sie zumeist als Schmerz und Irritation verspürt. Dies um so mehr, wenn man einen Großteil seines Erwachsenenlebens in Kinosälen verbracht hat. Anfangs zwar auf eigene Kosten, aber nach Lust und Laune und erfüllt von verstohlener Leidenschaft, im Laufe der Zeit der Integration jedoch nur noch gesetzes- und vertragsgemäß. Nach alledem wird man sich allmählich dessen bewußt, daß man sich fast unter der

Hand Tausende von sorgsam gehüteten, persönlichen Erinnerungen fremder Menschen angeeignet hat, die nun wie in einer gigantischen, schäbigen psychoanalytischen Non-Stop-Sitzung in schamloser Weise vor uns ausgebreitet werden. Ja, das alles geht sogar so weit, daß man einen entscheidenden Teil des eigenen Lebens mit jenem gleichstellt, das man in den verdunkelten Sälen verbringt, inmitten der krächzenden, wackligen Geräusche aus der Vorführkabine – gleich Nachtfaltern angezogen und gebannt von dem nie versiegenden Lichtstrom, dessen Quelle sich hinter unserem Rücken befindet. Und so kommt auch der Zeitpunkt, von dem an nicht mehr die Handlung oder der Geschehensablauf eines gesehenen Filmes im Gedächtnis haftet, sondern eher das Profil einer Schauspielerin, der besondere Gang eines Schauspielers, die Atmosphäre eines Hintergrunds. In der Erinnerung haften bleibt vor allem der fast musikalische Zusammenklang des Werkes in seiner Gesamtheit – eine wirre Partitur, in der ganze Sequenzen fehlen. So löscht das Gedächtnis verwickelte Vorfälle völlig aus, während es die Erinnerung an das Kino aufs lebhafteste bewahrt, in dem man den Film gesehen hat: die gedämpften Geräusche in der Vorhalle, das Gewirr der kleinen Luftwirbel, die sich zwischen den Sesseln bilden, das matte Spiel der Lichter auf der Leinwand – das alles prägt sich unauslöschlich ein. Und dazu noch die roten Leuchtschriften über den Toiletteneingängen, den einzigen Orientierungspunkten für den, der zuerst halbblind den Raum betritt und sich wiederfindet zwischen den schwachen Luftzügen und dem gedämpften Gemurmel ferner Stimmen, welche durch die von staubigen Vorhängen verdeckten, verborgenen und unnützen Türen hindurchdringen, die man in allen Kinosälen antrifft.

Es ist unsere eigene Vergangenheit – die sinnlose Vergangenheit entzauberter und fiebriger Voyeure, die uns höhnisch angrinsend entgegenspringt wie der Teufel aus der Schachtel; eine Vergangenheit, in der sich zunächst Filmtitel, Handlungen und die flüchtig auf den Kinoplakaten erhaschten Namen

von Regisseuren als ein einziges, wirres Knäuel darboten. Allmählich hat man sich dann aus diesem Chaos die Namen jener Regisseure aussortiert, von denen man sich die Befriedigung der kühnsten, romanhaftesten Phantasien erhoffte und denen man das gleiche Vertrauen entgegenbrachte wie jenen Schriftstellern, die in der Lage waren, die geheimsten Wünsche der Phantasie zu befriedigen. Bevor man überhaupt die Wörterbücher wie das kleine »Filmlexikon« von Pasinetti oder den »Novissimo Melzi« kennenlernte, bevor man sich mit der Zeitschrift »Cinema« beschäftigte oder den Briefwechsel mit den Lesern von »Film« und »Hollywood« aufnahm, lernte man es erst einmal, direkt an den Türen zu den Kinosälen seine Kenntnisse karteiartig zu registrieren. Im Lauf der Jahre sollte sich dies zu einem Hobby auswachsen, später dann zu einer hektischen Pflicht, zu einer hoffnungslosen und illusionslosen Routine.

Mit weit aufgerissenen Augen verschlang man förmlich auf den Plakaten und auf der Kinoleinwand die Filmvorspanne, in denen Namen und Berufe aufgeführt waren, die uns irgendwie großartig erschienen – Drehbuchautoren, Kameramänner und Bühnenmeister, die damals meistens noch Architekten hießen. Unvergeßlich auch die Namen der Verantwortlichen für die italienische Fassung – aus unerklärlichen Gründen erschien uns unter diesen der Name Nicola Fausto Neroni besonders erhaben und ehrfurchtgebietend. Einige Namen, die immer wieder auftauchten, schienen von einem mysteriösen Glorienschein umgeben zu sein. So weckte z. B. der Name Natalie Kalmus die Vorstellung, sie müsse eine allmächtige Wissenschaftlerin sein; dabei stellte sich später heraus, daß ihr Name bei allen Farbfilmen aus banalen Gründen aufgeführt werden mußte. Unter all diesen Namen fing man bald an, sich denjenigen Federico Fellinis zu merken.

Wenn ich heute daran zurückdenke, so war das sicher nicht schwierig, auch wenn es nun als eine plumpe Hagiographie oder als erfundenes Gedächtnis erscheinen mag. »Federico« war eine Signatur, die man von der Zeitschrift »Marc'Aurelio« her kannte. Derjenige, der nicht zur Vorkriegs- und Kriegsgeneration gehört, kann nicht ermessen, was der Marc'Aurelio« bedeutete – besonders für ein Kind, das die Zeitschrift begierig aus dem Zeitungspacken des Vaters fischte und sie förmlich verschlang. Es kam noch hinzu, daß ich ja ein norditalienisches Kind war, dem das Französische geläufiger war als die geheimnisvolle Sprache dieser Zeitschrift: eine

Sprache, die zwar in allem dem alltäglichen Italienisch zum Verwechseln ähnlich war, dazu aber gespickt mit unbekannten, rätselhaften Worten, die den Gedanken an eine weitere und schlauere, beweglichere und prunkvollere Welt weckten als diejenige, in der man täglich lebte. »Federico« erschien mir als ein zwar nur nebensächlicher und winziger, aber noch immer interessanter Teil dieser Welt. Der Name »Federico« war also erfaßt und in mein Bewußtsein aufgenommen, und zwar mit jenem Beigeschmack von Unwirklichem und Großartigem, das für jeden Leser (für den sehr jungen besonders) den Signaturen einer Zeitschrift anhaftet, die von so weit herkommt und jene besondere Faszination verbreitet, die in den Augen eines Kindes vom geschriebenen Wort, von der gedruckten Seite ausgeht, so daß man bereit ist, auf den Wahrheitsgehalt des Gelesenen zu schwören.
In dieser alltäglich intensiven Vergangenheit beansprucht »Federico« von Anfang an seinen Platz: in den Gymnasiums- und Universitätsjahren als Name, den man in den Filmvorspannen unter denen anderer Drehbuchautoren herausfindet, um ihn mit fernen Erinnerungen an kindliche Lektüre in Verbindung zu bringen. In jenen Jahren und zusammen mit zwei verschiedenen Arten von Publikum erfährt man einerseits den unvergleichlichen Genuß, die ersten englischen und amerikanischen Filme in Originalsprache mit Untertitel zu erleben und andererseits das verstohlene Vergnügen an Filmen wie *Roma città aperta, Paisà* und *Ladri di biciclette.* Die Menschen strömten herbei und füllten die Kinosäle, um Anna Magnani als getötete Frau aus dem Volke oder Aldo Fabrizi als Priester zu sehen. Die Nachkriegssonntage waren trübe und sterbenstraurig, doch zum ersten Male nach langer Zeit ruhig und nicht von dem Aufheulen der Alarmsirenen unterbrochen. Wie den Geruch von Schokolade in der Kinderzeit, so genossen wir jetzt sogar im Dunklen den Duft der amerikanischen Zigaretten. Bisweilen waren die Kinosäle fast leer, doch das scherte uns nicht – mühelos brachten wir so unterschiedliche Welten wie die von *Casablanca* oder *Der große*

Schlaf einerseits und diejenige der großen römischen Filme jener Zeit in Einklang. Jahrelang war also Fellini, d. h. »Federico«, nur ein unbedeutendes Zeichen, das wir flüchtig unter den vielen Namen im Filmvorspann bemerkten. Es waren damals auch nur wenige, die sich – wie Roberto Dhiti – die Mühe machten, Namen und Bezeichnungen systematisch zu sammeln, indem sie diese entweder den ersten umlaufenden amerikanischen Aufzählungen entnahmen oder indem sie die Vorführkabinen aufsuchten und den Operateur baten, ihnen die Namen zu zeigen. Die Menschen hatten im allgemeinen andere Sorgen als den Film. Ohne daß man sich dessen gleich voll bewußt wurde, bahnte sich in Italien das Wirtschaftswunder an. Ein verhärmtes, heruntergekommenes Land schickte sich an, einige Jahre lang wie wild zu arbeiten und auf diese Weise erhobenen Hauptes eine Niederlage zu überwinden, die es schon hinter sich gelassen hatte – ein geheimnisvolles Land, für einen Ausländer sehr schwer zu verstehen und für einen Italiener so gut wie unerforschlich. In einem solchen Lande also waren so unterschiedliche Regisseure wie De Santis und Visconti, Rossellini und Germi am Werk – und selbstverständlich Fellini. Welches war meine erste, wirkliche Begegnung mit Fellini? Ich meine mich zu erinnern, daß es *Luci del varietà* (Lichter des Varieté) war. Wie in einem Aufblitzen des Gedächtnisses erinnere ich mich an die Freude und an die Neugier, die ich empfand, als ich seinen Namen als Regisseur gleichberechtigt neben demjenigen Lattuadas fand. Und unauslöschlich ist mir der Eindruck geblieben, den ich dank dieses Filmes von der Welt der Schmierenkomödianten gewann, deren schlaue und fröhliche Armut die Leere meiner Studentennachmittage füllte. Gerne hätte ich Fellini gefragt: Sag mir, Federico, verhält es sich wirklich so, wie du es uns erzählst: die Reisen in der dritten Klasse, die verschlafenen, hausbackenen und zugleich leicht schlampigen Revue-Tänzerinnen, die langweiligen und aufgeblasenen Komiker, deren Stimmen an alte, verkratzte Schallplatten erinnern? Die provinzielle, spießige Sinnlichkeit, die der

Film ausströmt und die vom Zuschauer auch ganz so empfunden wird, finden wir in Spuren schon in den ersten journalistischen Versuchen des jungen Fellini. Gleichzeitig empfindet man auch die gewisse Unsicherheit und Erregung des Anfängers, obwohl man den Film instinktiv hauptsächlich der Person Lattuadas zurechnet, eines damals schon bekannten und anerkannten Regisseurs. Neben Lattuada war Fellini noch immer ein Geheimtip, ein Name, den man bei gelegentlichen Filmgesprächen mit Freunden fallen ließ, und der sich vor unseren inneren Augen noch immer mit all jenen Namen verband, die dichtgedrängt in den immer zu rasch ablaufenden Vorspannen oder Nachspannen aufgeführt waren.

Merkwürdigerweise ist die Erinnerung an die erste Vorführung von *Lo sceicco bianco* (Der weiße Scheich/Bittere Liebe) wesentlich schwächer. Das kam wohl daher, daß wir alle uns erst an eine gewisse, für Fellini (und Flaiano) typische Vorstellung der italienischen »Grandeur« gewöhnen mußten, die uns ein armseliges bild- und groschenromanhaftes Italienbild bescherte, in dem Rom mit seinen fetten und drohenden Proletarierweibern, seinen entwaffnend dreisten Kerlen à la Sordi recht exotisch wirkte. Die Verblüffung war allgemein. Wie hätte man auch Federico erklären können, daß man damals von ganz anderen Strömungen beherrscht wurde. Einerseits ermahnten die Zeitschriften das Publikum ständig, es solle seine Aufmerksamkeit auf Filme konzentrieren, die es sich zum Ziel gesetzt hatten, die Realität des Landes zu erklären und die vernachlässigte Soziologie wieder auf die Beine zu bringen. Man solle – so hieß es – die kommerziellen Filme meiden und jene bevorzugen, die das düstere Bewußtsein ihres dokumentarischen und belehrenden Inhalts immer wie eine Fahne vor sich herschwenkten. Auf der anderen Seite verspürten wir noch immer sehr stark die Anziehungskraft der amerikanischen Filme. Es war die Zeit, in der melodramatische oder rabenschwarze Filme unser tägliches Brot waren. Damals behandelte man diese Filme mit gewählter Herablassung, und nun werden sie von den jungen Leuten in den Filmclubs direkt angehimmelt. Es geht sogar so weit, daß diese jungen Leute alles daransetzen, Fragmente, Teile, Fetzen solcher Werke wiederzufinden, die wir damals unbekümmert konsumierten, ohne zu ahnen, daß dreißig Jahre später diese Filme mit fast religiöser Ehrfurcht behandelt, in Round-Table-Gesprächen erörtert, von Universitätsprofessoren analysiert, in Tagungen bis zur Sinnlosigkeit traktiert werden würden. In jenen Jahren lief Fellini Gefahr, in unseren Erinnerungen zu verblassen. Dies galt auch für *La Strada.* Ausgerechnet der große internationale Erfolg dieses Films, die Begeisterung des französischen Publikums für diesen echt italienischen, phantasievollen Italiener, für diesen Erfinder heruntergekommener, circensischer Vororte, nahm uns fast die Lust, Fellini zu befragen, ob der noch vor einigen Jahren so trockene, leidenschaftliche und ironische Beschreiber der italienischen Wirklichkeit tatsächlich so »poetisch«, so pathetisch geworden sei? Die Lust, Fellini zu befragen, kehrte dann mit dem Film *Il bidone* (Fellini's Gauner/Die Schwindler) zurück. Dieser hinreißende Film hat wahrscheinlich bis heute den ihm gebührenden Platz behalten. Das kommt daher, daß in einer Filmwelt, die keinerlei Hard-Boiled-Traditionen kennt, die höchstens ohne großen Erfolg versucht, eine solche Tradition selbst zu begründen, um dann nur eine groteske Parodie oder Halbparodie zu schaffen, wohl die Schilderung von Gaunern und kleinen Betrügern, die als gemütliche und lächelnde Schakale dargestellt werden, von der Kritik niemals anerkannt werden konnte. Das war endlich wieder unser altbekannter Federico – erstaunt wirkt er gegenüber der kriminell-hausbackenen Gemeinheit seiner Personen, allzeit bereit, die verschiedenen Aspekte ihres mühseligen und doch leichtfertigen Lebens einzufangen, ihre mühsame, problemlose Immoralität darzustellen. Die vielleicht zufällig oder aus Gründen der Produktion getroffene Wahl des Schauspielers Broderick Crawford erwies sich für den Film wohl als der entscheidende Glücksfall. Crawfords echt amerikanische Art, sich zu bewegen, sein schwerfälliger Gang, die Art und Weise, wie er auf die zur Innenseite des Handgelenks hingedrehte Uhr blickt, die müde Grausamkeit, die jede seiner Bewegungen ausstrahlt, dies alles gibt dem Film einen unechten Ton, läßt ihn uns als etwas Künstliches, als eine Nachahmung empfinden. Es handelt sich jedoch nicht um die *Nachahmung* eines schon bestehenden Werkes, sondern eher um die fast unmerkliche Übernahme einer Gebärden- und Ausdruckssprache, die sich Fellini als Junge aus den amerikanischen Filmen der dreißiger Jahre herausgesogen hatte – an jenen warmen und zugleich traurigen Nachmittagen, die er im Kino »Fulgor« in Rimini verbrachte. Als wir dann den Film an einem ebenfalls warmen und traurigen Nachmittag in einem Genueser Kino sahen, waren plötzlich alle Zweifel wie fortgeblasen: Fellini war tatsächlich »Federico«. In seinen Filmen offenbarte sich erneut die Schärfe und die Doppeldeutigkeit eines nüchternen und zugleich leichtfertigen Erzählertalents; zeigte sich eine außerhalb Italiens schwerlich zu findende, krasse Mischung aus allzu pathetischen Augenblicken und gnadenlosen »schwarzen« Aperçus; ein fast furchterregendes Gemisch aus Zynismus und latenter Religiosität, aus Eulenspiegelei und Ernsthaftigkeit.

In den sechziger Jahren war Fellini mittlerweile zu einem in der ganzen Welt wohlbekannten Mann geworden. Es waren die Jahre, in denen man sich für den französischen Film begeisterte, für Godard und seine neue, fast atemlose Art, Filme zu machen. Federico jedoch blieb sich treu. Ungerührt, wie ein Fels in der Brandung, ließ er alle Modeströmungen an sich abprallen. Dann kam *La dolce vita* (Das süße Leben), und Fellinis Name wurde überall in der Welt berühmt. Es erging ihm wie einigen anderen Italienern, Karosseriebauern, Herstellern von Schuhen, Krawatten und Reisetaschen, deren Namen zu einem italienischen Markenzeichen wurden, auf das die Menschen automatisch reagierten. Der Film löste damals, wie man sich erinnern wird, einen »Skandal« aus (damals reichte Unbedeutendes zu einem Skandal). In diesem

Federico Fellini, Jean Cocteau und Giulietta Masina 1957 bei den Filmfestspielen in Cannes

Film fanden Fellinis Anhänger all die bekannten Zutaten, die sie liebten: dekadente Adelige und Väter, die voller Verlegenheit einen Night-Club besuchen, »literarische« Salons und ungeheuerliche Freunde, die Orgel spielen und sich und die eigene Familie vernichten. Auf seine zugleich ironische wie wirre Art gab uns Fellini Einblick in eine wahrscheinlich nicht existierende Welt, die jedoch in den Seiten gewisser Blätter

fröhliche Urständ feierte und somit für Millionen Leser zu einer Wirklichkeit wurde, die der Film um so mehr bestätigte. Der unvergleichliche Marcello mit seinen verschwommenen literarischen Ambitionen, der sich in der Via Veneto herumtreibt und dabei dreinschaut, als lungere er im Wartezimmer einer luxuriösen Lohnergänzungskasse herum. Dieses für so viele Journalisten seiner Art typische Gehabe paßte auch zum damaligen Rom, einer Hauptstadt, in der es noch angenehm war zu leben, insbesondere in Anbetracht der Tatsache, daß ein ganzes Land – und vor allem der Norden – sich ohne viel Aufsehen abrackerte, um den Staatskarren zu ziehen, willig Rom seine Tribute darbrachte und, auf das Leben dieser Stadt schielend, neidisch zum Himmel aufseufzte.
Zwanzig Jahre sind seit jener Zeit vergangen, und in dieser Zeit, die mir einige Male eine Begegnung mit Fellini bescherte, sind seine wichtigsten Filme entstanden, die meistens mit Begeisterung, aber manchmal auch mit gelangweilter Ehrerbietung aufgenommen wurden. In diesen Jahren jagte eine Filmmode die andere, und man fragt sich nun, wo ist die Begeisterung für das »nouveau cinemà«, für die »nouvelle vague«, geblieben; wo die Seelenqualen, die wir bei einem Bergman-Film durchlitten; wo die Menschenmassen, die an den Kinokassen Schlange standen, um sich an den Italo-Western zu berauschen oder James Bond zuzujubeln? Was ist aus Godard und den amerikanischen Underground-Filmen geworden, deren zerzauste Regisseure sich wie die »Gurus« der Phantasie gebärdeten?
In diesen zwanzig Jahren hat sich die Filmlandschaft mindestens fünf- bis sechsmal radikal verändert. Und da der Film rascher als alles andere altert, ist all das, was wir in unserer Jugend erlebt haben, schon weit entfernt und entrückt, so daß man sich selbst uralt und überlebt fühlt. Für junge Filmfans ist das Burt-Lancaster-Debüt in einem Kultfilm wie *Die Gangster* von Siodmak ein historisches Ereignis – dem Sezessionskrieg gleich. Fellini ist ein Teil dieser Vergangenheit und gehört gleichwohl auch in unsere Gegenwart. Man hat sich

nach und nach seinen Filmen, seinen fast immer liebenswürdigen Schrullen angepaßt, den fortdauernden Phantastereien eines ewigen Schülers, der die langweilige Griechischaufgabe vor Augen hat und sehnsuchtsvoll an den leichtfertigen Frühling denkt, der draußen vor den festverschlossenen Klassenfenstern hockt. So war *Achteinhalb* mit seinem Movie-on-the-Movie-Effekt, der in Italien, anders als in den altmodischen Hollywood-Filmen, selten geboten wird, eine aufregende Erfahrung (die sich Jahre später mit Truffauts hinreißendem Film *Amerikanische Nacht* wiederholen sollte). *Otto e mezzo* (Achteinhalb) wurde letztlich für viele ein Mythos und für andere ein zwangsläufiger Bezugspunkt, an dem sie sich messen lassen mußten. Nach diesem Film ist es unmöglich geworden, filmischem Autobiographismus zu frönen, ohne daß nicht sofort Vergleiche angestellt werden, wie es der arme Woody Allen bei seinen *Stardust Memories* erfahren mußte. So gibt es ein Feeling à la *Otto e mezzo,* so wie es eins im Stil *La dolce vita* gab. Dieses Feeling drückt die fürchterliche Unsicherheit des Filmschaffenden aus, der zwischen dem inneren Drang, einen Film zu machen, und gleichzeitig dem Gefühl der Leere, des Schreckens, der Ungläubigkeit, das einen im Moment des Beginns befällt, hin- und hergerissen wird. Was soll man erzählen? Und warum überhaupt? Ähnlich geht es wohl dem Schriftsteller, der sich zum Schreiben eines Romans, eines Essays oder eines Theaterstücks verpflichtet hat und nun verwirrt auf das noch leere Blatt starrt. Die ängstliche Verwirrung des Regisseurs ist jedoch unvergleichlich größer als die des Schriftstellers, denn er sieht sich einer immensen Apparatur gegenüber, einer wahren »Traumfabrik«, die auf ihn, auf seine Anleitung wartet. Die Krise des Regisseurs ist die Krise des Filmschaffenden überhaupt, der sich – gleich, ob er die Sache zynisch oder begeistert angeht – mindestens einmal im Leben, wenn nicht einmal bei jedem neuen Film, die Frage stellen muß: Was nützt dies alles, was ist es wert? Warum soll man ein so komplexes, zerbrechliches Gebilde aus dem Nichts zaubern? Ein Gebilde, dessen Beste-

hen von tausend unsinnigen Einzelheiten abhängt. Das geht von der Zusammenarbeit zwischen Produzenten und Drehbuchautor, der Verfügbarkeit von Schauspielern bis hin zu der tatsächlichen Leistung ihrer Gesichter, Körper, die leblos wie Schaufensterpuppen oder von einer geradezu genialischen Ausdruckskraft sein können, so daß der Zuschauer den Eindruck gewinnt, er könnte alles verstehen, alles ahnen, alles überwinden, und das, obwohl genau das Gegenteil der Fall ist. Das wahre Wunder der Filmkunst und insbesondere der Filmkunst Fellinis ist es eben, Gesichter und Körper wie durch einen Zauber zu beleben und sie Gefühle, Empfindungen und Stimmungen widerspiegeln zu lassen, von denen sie nicht einmal etwas ahnen.
Wenn wir, ohne lange zu überlegen, eine Liste der Filme aufstellen sollten, die damals gleichzeitig mit *Achteinhalb* in die italienischen Kinos kamen, so fallen uns spontan folgende Titel ein: *James Bond – 007 jagt Dr. No* von Terence Young, *Auch Stehlen will gelernt sein* von Molinaro und *La banda Casaroli* von Vancini, *La commare secca* des damals noch sehr jungen Bertolucci, *Ein Kind wartet* von John Cassavetes, *I fidanzati* (Die Verlobten) von Olmi und *Il Gattopardo* (Der Leopard) von Visconti, *Hatari* des lieben und großen Howard Hawks, *Lolita* von Kubrick, *Geliebter Spinner* von Schlesinger, *Viridiana* von Buñuel und *West Side Story* von Wise. Jeder dieser Filme läßt unser Herz zusammenzucken, erweckt eine kurze oder auch längere Erinnerung, hat in unserem Herzen Spuren von Liebe oder Enttäuschung hinterlassen. Stellen wir aber diese Titel (die ich fast zufällig einem der halbjährlich erscheinenden Veröffentlichungen über Filmneuheiten entnommen habe) Fellinis Filmen gegenüber, so gehen letztere als klare Sieger aus dem Wettstreit hervor. Wie könnte man auch all diese Filme mit *Otto e mezzo,* mit dieser Heraufbeschwörung von Spitzen und Rüschen, Thermalbädern und Weihrauchschwaden vergleichen? Wo sonst finden wir dieses Karussell von vornehm-schlampigen Produzenten und schlampig-vornehmen Schauspielerinnen? In der Filmkunst

der sechziger Jahre, in der sich – wie in allen anderen Bereichen des Lebens und überall – ein fiebriger Groll ausbreitete, in dieser Filmkunst, die sich den unzähligen Streitfragen öffnete, die kurze Zeit Europa und Amerika wie eine psychedelische Blüte überzogen, behauptete sich Fellini immer wieder mit seinem verschrobenen und ungeheuchelten Alleinsein eines großen Einzelgängers, eines Fabulierers und Gespenstererfinders. Er ist der ironische und doch vertraute Zauberer, der heimlich dem Vergnügen der Posse frönt und somit die Untiefen und Klippen des Symbolismus vermeiden kann. Einige Jahre später kam dann *Giulietta degli spiriti* (Julia und die Geister) ins Kino. Ein Film, der mir im selben Maß gefiel, wie er anderen mißfiel. Ich möchte hier nur zitieren, was ich damals in einer Zeitschrift zu diesem Film schrieb, da mir dies noch heute vertretbar erscheint. »Ein Film von schwülstiger und etwas zwielichtiger Schönheit. Ein Überfluß an Bildern von phantastischer Dichte, eine köstliche Ansammlung von Menschen und Geistern, ein wunderbares, ineinanderfließendes Licht- und Schattenspiel. Fellini hat hier die ironisch-realistischen Sorgen seiner Anfänge hinter sich gelassen und gibt sich befreit ganz seinen tieferen Instinkten hin, die er jetzt in seiner reifen Schaffensperiode hemmungslos auslebt. Gleichermaßen offenbaren die Geister der ›befreiten‹ Julia ihre Ängste und die Brüchigkeit ihrer Bindungen, die ihr bis dahin lebenswichtig erschienen. Hier zeigt sich Fellini verständnisvoll für die allumfassende Natur, eine Vision einer ironisch-heidnisch denkenden Welt, seine Liebe zu dem unkontrollierbaren Spiel der Erinnerung, die sich im magischen Dunst der Kindheit verliert und dennoch eine faßbare und greifbare Religiosität anstrebt. Guidos Schulerinnerungen in *Otto e mezzo* sind hier Julias Erinnerungen an ihre Schulzeit. Die Erinnerungen der Protagonistin an eine Schulaufführung geben Fellini den Vorwand einer kraftvollen, sinnbildlichen Stilisierung einer ausufernden Traumwelt. Aufgrund der aggressiven Kraft und der poetischen Eingebung seiner sich immer erneuernden visuellen Auflösungen, seiner orthodoxen, immer um eine gradlinige und eindringliche Sprache bemühten Regie und der eingehenden Darstellung in wirkungsvollen Einstellungen besitzt *Giulietta degli spiriti* zweifelsohne eine beachtliche Schock-Kraft. Es wäre müßig darzutun, was Verleumder und Bewunderer getan haben, um das Werk als eine zielstrebig aufgebaute und in sich geschlossene Lehrfabel zu betrachten. Dieser Gedanke war Fellini schon immer fern und hier mehr als je: nur die Gespenster des Gedächtnisses und der Sinne sowie ihre ›Austreibung‹ fallen hier ins Gewicht. Vielleicht befreit sich Giulietta tatsächlich, wie gesagt worden ist, von ihren »Erinnerungen an eine katholische Erziehung«. Doch auch in diesem Sinne bleibt Fellini einem für ihn typischen und angeborenen Doppelsinn treu, der letztendlich seine Kraft und sein künstlerisches Kennzeichen ist. Er ist nie ein Ideologe (...). Sicher, er ist bereit, psychoanalytische Fragmente, soziologische Echos zu verwenden, doch immer nur allein abhängig von seinen heimlichen und gleichzeitig mehr als offenkundigen künstlerischen Gründen ...« Es folgten all die anderen Filme. Als erster *Toby Damnit,* der die aufregende Idee eines »katholischen Western« und den alten Pater Spagna enthielt, eine Figur, die andeutungsweise vieles von dem »geheimen« Fellini enthielt. *Satyricon,* eine hinreißende juvenalische Posse. *Roma,* eine große grausame Satire, ein Gemisch aus leidenschaftlicher Liebe und träger Verachtung; das von einem Verliebten gemalte Porträt, der dennoch all die Fehler der Geliebten mit der Gefühllosigkeit eines Besessenen wiedergibt. Dann noch *Amarcord, Prova d'orchestra* (Orchesterprobe) bis hin zu *La città delle donne* (Die Stadt der Frauen). Bei diesem letztgenannten Film überkam mich einen Augenblick lang und zum ersten Male das Gefühl, nicht mehr mitspielen zu wollen. Ich war plötzlich nicht mehr bereit, wie sonst immer, seinen Zaubereien, seinen monströs verführerischen und echten Erinnerungen, seinen einer orientalischen Kurtisane würdigen Liegestätten, dem blassen Gesicht Marcello Mastroiannis – dem Fellini wieder einmal die Darstellung sei-

ner vergangenen und künftigen Träume anvertraut hatte – zu erliegen.
Von all diesen langen Jahren bleibt ein außergewöhnliches Archiv mit Erinnerungen, in dem einige Glanzbeispiele moderner Filmgeschichte enthalten sind, die den herrlichen, magischen und fröhlich-einsamen Werdegang Fellinis dokumentieren. Als Beispiel möchte ich hier nur *Satyricon* nennen. Mit einer nicht einzuordnenden Genialität zeigt uns Fellini Asciltos und Encolpios zugleich schlampige und richtige Herumtreiberei inmitten einer außerordentlichen, dekadenten römischen Welt – die sich wie eine Art Nachkriegs-Neapel darstellt, nur verschönert durch Gedenktafeln und herrschaftliche Villen. Einer Welt, die nur aus verblühten und trotzdem überheblichen Menschen zu bestehen scheint. So ein Film war in jenen Jahren wie eine Botschaft von einem anderen Stern, denn während lateinamerikanische Dokumentarfilme die Filmschauen förmlich überschwemmten und uns die neuen Modeströmungen völlig verunsicherten, schien die Art der Filme, die wir als Kinder kennengelernt hatten, für immer von der Leinwand verbannt zu sein. In jener Zeit hatte auch in der unterirdischen Welt der Filmclubs jene wohlüberlegte Wiederentdeckung der Vergangenheit noch nicht voll eingesetzt, die heute die Zwanzig- und Dreißigjährigen dazu bringt, sich mit einer manchmal fast schon übertriebenen Hingabe »Papas Kino« zu widmen.
Stellen wir wieder einmal Filmtitel jener Zeit gegenüber, so haben wir im ersten Halbjahr 1970 neben *Satyricon* Filme wie *Metello* von Bolognini, *Infanzia, vocazione e prime esperienze di Giacomo Casanova veneziano* von Luigi Comencini, *Sweet Charity* von Bob Fosse (der Film ist eine fabelhafte Huldigung an Fellini, denn er ist von *Le notti di Cabiria* inspiriert), *Hello, Dolly!* von Gene Kelly, *Topaz* von Alfred Hitchcock, *Easy Rider* von Dennis Hopper und viele andere. Unter dieser etwas zufällig getroffenen und recht ungleichen Auswahl ist kein einziger Film, der auch nur die kleinste Gemeinsamkeit mit einem Fellini-Film aufweist. Der Vergleich zeigt

uns wieder einmal Fellinis prachtvolle Genialität, seine unwillkürliche, autokratische Isolierung, mit der er den Film wie seine persönliche Farbenpalette, wie ein kostspieliges persönliches Notizbuch, wie einen Fernseher für die eigenen Träume benutzt. Wieder einmal beweist Fellini, daß er in der internationalen Filmwelt eine nicht einzuordnende, schillernde Erscheinung ist, geschaffen, um übermäßige Zuneigung und langjährige Ergebenheit zu erwecken, aber auch – außerhalb Italiens –, um Reaktionen hervorzurufen, bei denen sich Verblüffung und der verzweifelte Versuch, Fellini rational und folgerichtig zu erklären, mit einer Art religiösem Erstaunen vermischen, das die Nordländer und öfter auch die Franzosen angesichts des spöttischen Gepränges italienischen Einfallsreichtums befällt.
Meine einseitige Bekanntschaft mit Fellini währte nun schon fast dreißig Jahre, ohne daß es bis vor kurzem zu mehr als zu jenen unbestimmten, halb bürokratischen und halb orientalischen Grußzeichen gekommen wäre, die berühmte Regisseure bei Filmpremieren den in ihrem Schlepptau befindlichen Kritikern vorbehalten. Eines Tages, endlich, der Anlaß war dieses Buch, rief mich Fellini an. Er beglückwünschte mich zu dem Buch, das ich über Mastroianni geschrieben hatte, und fügte dann hinzu: »Ich duze dich, in Voraussicht auf unsere Freundschaft, die noch von Grund auf zu errichten ist« – das ist zweifelsohne ein wunderschöner, romanhafter Satz. Es folgte dann eine »diplomatische« Begegnung auf höchster Ebene und zu einem Erinnerungs- und Meinungsaustausch. Für mich war es ein großes Vergnügen und eine große Freude, und ich schmeichle mir sogar damit, daß Fellini sich nicht zu sehr gelangweilt hat.
Eine Freundschaft, die man von Grund auf errichten muß – doch wie? Indem man spricht, unentwegt und wie im Rausch, so wie man es vor vielen Jahren täglich beim Verlassen des Gymnasiums tat.
Das ist es, was ich hier versucht habe.

Claudio G. Fava

Biographie

1920 Am 20. Januar wird Federico Fellini in Rimini als Sohn des Handelsvertreters Urbano Fellini und seiner Ehefrau Ida, geborene Bariani, der Tochter wohlhabender römischer Kaufleute, geboren.

1925–1937 Schulbesuch in Rimini, der mit dem Abitur am humanistischen Gymnasium endet.

1937 Fellini fährt nach Florenz in der Absicht und in der Hoffnung, einige Redakteure der damals sehr bekannten satirisch-politischen Zeitung »420« kennenzulernen. Er will ihnen einige seiner Zeichnungen und Kurzerzählungen vorlegen. Fellini verbringt sechs Monate in Florenz. In dieser Zeit arbeitet er nicht nur bei »420« mit, sondern auch bei anderen Zeitschriften der Gesellschaft Nerbini – vor allem bei der Zeitschrift »l'Avventuroso«.

1938 Um das angestrebte Jura-Studium zu beginnen, fährt Fellini im Januar nach Rom und schreibt sich dort an der juristischen Fakultät ein. Am Tag seiner Ankunft jedoch sucht er die Redaktionen aller in Rom zweiwöchentlich oder monatlich erscheinenden Zeitschriften auf und versucht, Kurzerzählungen, Interviews, Karikaturen, ja sogar die ersten Kapitel humoristischer oder abenteuerlicher Romane, die in seinen letzten Schuljahren entstanden sind, an den Mann zu bringen. Er arbeitet wöchentlich an folgenden Zeitungen mit: »Cine illustrato«, »Rugantino«, »La Signorina Grandi Firme«, »Il Batilla«, »Cinemagazzino«, »Settebello«, »Travasco« und »Il Piccolo«. Da er keinen festen Arbeitsplatz hat, verbringt er seine Tage bei den verschiedensten Zeitungsredaktionen. Auch die Nächte verbringt er schreibend und zeichnend in seinen verschiedenen Unterkünften, die er im Durchschnitt zwei- bis dreimal im Monat wechselt. So hat er seine Bleibe mal in einer Pension und das nächste Mal in einem Stundenhotel; mal im Hotel Excelsior und dann wieder in einem Flur, wo er sich mit einem Freund eine Liege

teilt. In wenigen Monaten hat er in fast allen Vierteln Roms gewohnt.
Er schreibt wie besessen: Sketche und kleine Szenen für den Rundfunk, Liedchen für das Revuetheater, Witze, Monologe für berühmte Komiker oder solche, die am Beginn einer erfolgversprechenden Karriere stehen; Werbeslogans und Texte für Handzettel, die bei Schluß von Verkaufsveranstaltungen in den Kaufhäusern verteilt werden.
Gemeinsam mit dem Maler Rinaldo Geleng, einem engen Freund aus dieser Boheme-Zeit, bemalt und bekleckst er für Werbezwecke die Schaufenster der Kaufläden und klappert die etwas entlegeneren Trattorias ab, wo er den Gästen anbietet, eine Porträtskizze oder eine »sehr komische« Karikatur anzufertigen. In jenen Monaten, in denen er herumzigeunert, lernt er Schauspieler, Schriftsteller und wunderhübsche, junge Soubretten kennen. Er schließt Freundschaft mit dem Schauspieler Aldo Fabrizi, der wie ein »gutmütiger Oger« den jungen Fellini unter seine Fittiche nimmt und ihn in die zugleich familiäre und ausgelassene Atmosphäre der kleinen Varieté-Theater einführt. Tommaso Landolfi, Leo Longanesi, den Komiker Fanfulla, Alberto Savinio, De Chirico, Nuto Navarrini, Palazzeschi, die Brüder Bonos – Fellini kennt sie alle, schließt mit allen Freundschaft. Im Sommer 1938 landet er bei der sehr populären und zweimal wöchentlich erscheinenden humoristischen Zeitschrift »Marc'Aurelio« und wird in kürzester Zeit einer ihrer produktivsten Mitarbeiter, indem er neue Gestalten und neue Rubriken kreiert. Er arbeitet zusammen mit Ruggero Maccari am »Theatro di rivista radiofonico« (Revuetheater des Rundfunks) mit. Stefano Vanzina (Steno), der erste Humorist des »Marc'Aurelio«, der sich nach Cinecittà wagt, bietet Fellini die ersten Gelegenheiten, an den Drehbüchern zu den Macario-Filmen *Lo vedi come sei? Il pirata sono io* und *Imputato alzatevi!* mitzuwirken.
Die Begegnung mit dem schon erfolgreichen Film- und Drehbuchautor Piero Tellini veranlaßt Fellini bald, den Journalis-

mus zugunsten einer Filmtätigkeit als Drehbuchautor aufzugeben. Zusammen mit Tellini schreibt und bearbeitet er: *Avanti c'è posto, Campo de' Fiori* und *L'ultima carrozzella,* jeweils mit Aldo Fabrizi in der Hauptrolle, sowie *Chi l'ha visto* mit Virgilio Riento, *Quarta Pagina, Documento zeta 3, Bentornato Signor Gai, Sette poveri in automobile* und *I predoni del Sahara.* Der letztgenannte Film wird in Afrika gedreht, und Fellini muß der Filmtruppe nachreisen, um das Drehbuch umzuschreiben, das sich an Ort und Stelle als zu allgemein und wirklichkeitsfremd erwiesen hat.

1942 Das unaufhaltsame Vorrücken der achten amerikanischen Armee zwingt die deutschen und italienischen Truppen, sich fluchtartig von der afrikanischen Küste zurückzuziehen. Die kleine Filmtruppe muß die Dreharbeiten unterbrechen und erreicht nur noch mit Mühe und Not das letzte von Tripoli abfliegende Linienflugzeug nach Italien. Nach einer abenteuerlichen Fahrt durch das Land, dessen Städte, Dörfer und Straßen immer deutlicher Zeichen der bevorstehenden Niederlage zeigen, erreicht Fellini endlich wieder Rom. Bis zu diesem Zeitpunkt war es ihm immer wieder gelungen, der drohenden Einberufung zu entgehen – anfangs als Universitätsstudent, später dank der Sondergenehmigung für Journalisten. Diese Genehmigung wurde auch anstandslos alle drei Monate erneuert, denn Fellini ist nicht nur Student und Journalist, sondern behauptet auch, an einem Herzrhythmusfehler und einem Basedowsyndrom zu leiden. Nach seiner Rückkehr begibt sich Fellini erneut in das Militärkrankenhaus in Celio. Diesmal jedoch hat er es mit einem deutschen Ärzteteam zu tun, das ihn ohne Untersuchung für wehrtüchtig erklärt und ihm befiehlt, sich sofort zu seiner Einheit zu begeben, die sich in einem griechischen Bergnest verschanzt hält. Fellini verläßt das Krankenhaus und zerreißt sofort – ohne die Sache auch nur einen Augenblick lang zu überlegen – die Papiere und Atteste. Unverzüglich fährt er zum Militärdistriktskommando nach Forli und läßt sich neue Papiere ausstellen – für eine erneute Untersuchung im Krankenhaus von

Bologna. Eine halbe Stunde vor der für die Untersuchung festgesetzten Zeit erlebt Bologna einen Luftangriff, und das Personalarchiv des Krankenhauses wird dabei restlos zerstört. Damit ist der Wehrdienst für Fellini erledigt.

1943 Am 30. Oktober heiratet Fellini die talentierte junge Schauspielerin Giulietta Masina, die nicht nur Schauspielerin des »Guf«, sondern auch promovierte Philologin ist. Das Paar lernte sich im Juni kennen. Das geschah auf folgende Weise: Federico hatte für die Zeitschrift »Marc'-Aurelio« zwei Figuren, eine männliche namens »Cico« und eine weibliche namens »Pallina« erfunden; diese beiden Figuren sollten nun in einer von der Parfüm-Herstellerfirma »Niba« gesponserten Rundfunksendung auftreten, und Giulietta Masina sollte die »Pallina« spielen. Aus diesem Grunde hatte Fellini den Wunsch geäußert, sie kennenzulernen. Nach diesem Sommer und einer äußerst kurzen Verlobungszeit heirateten die beiden – so als sei das schon von Kindesbeinen an vereinbart und absolut unvermeidlich.

1944 Am 4. Juni wird Rom von den Amerikanern befreit. Der erste Begeisterungstaumel, den das so lange und sehnlichst erwartete Ereignis auslöst, weicht bald einer sorgenreichen, schwierigen Zeit: Es werden keine Filme mehr produziert, und das Zeitungs- und Rundfunkwesen wird von P.W.B. gesteuert – kurz und gut, es ist äußerst schwer, Arbeit zu finden. Fellini hat einen rettenden Einfall: Zusammen mit einigen Freunden aus seiner Zeit bei der Zeitschrift »Marc'-Aurelio« eröffnet er einen Laden, der sich »The Funny Face Shop« nennt. In diesem Laden werden Karikaturen, Porträts und Fotografien für die amerikanischen und kanadischen Soldaten – für Soldaten gleich welcher Rasse und Hautfarbe – angefertigt und außerdem Schallplatten aufgenommen.

Schon zwei Wochen danach kann ein zweiter Laden und dann ein dritter eröffnet werden. Im Laufe von sechs Monaten haben Fellini und seine Freunde allein in Rom neun Läden, die ihnen gehören oder von ihnen kontrolliert werden. Man plant die Eröffnung gleichartiger Läden in Florenz und Mai-

Fellini und Ehefrau Giulietta Masina privat

land, und zwar schrittweise mit der Befreiung Italiens durch die alliierten Truppen. Noch heute behauptet Fellini, er habe – in der Relation gesehen – niemals wieder so viel verdient wie zu jener Zeit.

Eines Tages – so schreibt Angelo Solmi in seinem 1962 bei Rizzoli erschienenen Buch über Fellini – steht Rossellini vor dem

Laden und gibt Fellini durch das Schaufenster hindurch mit Zeichen zu verstehen, dieser möge herauskommen, er müsse mit ihm sprechen. Rossellini plant einen Dokumentarfilm über das Leben des von den Faschisten erschossenen Priesters Don Morosini und bittet Fellini, ihm das Drehbuch hierzu zu schreiben. Obwohl er von der Idee nicht gerade überzeugt ist, nimmt Fellini das Angebot an. Das ist die Vorgeschichte zu dem Dokumentarfilm *Roma, città aperta.*

1945 Nach Kriegsende und Schließung der »Funny Face Shops« geht Fellini zum Film zurück und arbeitet zunächst wieder für Rossellini. In Zusammenarbeit mit Amidei entsteht das Drehbuch zu *Paisà.* An den Dreharbeiten dazu wirkt er als eine Art Regieassistent mit – ohne allerdings mit den eigentlichen Aufgaben des Assistenten betraut zu sein. Er hält sich als Freund Rossellinis bei der Filmtruppe auf und verfolgt mit belustigtem und lebhaftem Interesse die Entstehung eines der bedeutendsten Filme der gesamten Filmgeschichte.

1946 Fellini lernt Tullio Pinelli kennen. Es ist der Beginn einer langjährigen Freundschaft und einer äußert erfolgreichen Zusammenarbeit. Sie schreiben gemeinsam die Drehbücher zu *Il delitto di Giovanni Episcopo,* Regie Alberto Lattuada; *Il Passatore,* Regie Duilio Cotetti, und *Senza Pietà,* ebenfalls unter der Regie von Alberto Lattuada. Der letztgenannte Film ist auch das Filmdebüt von Giulietta Masina, die für ihre Darstellung das »Silberne Band« für die beste Nebenrolle erhält. Ebenfalls für Rossellini schreibt Fellini die zweite Episode (Il miracolo) des Films *L'amore.* Angeblich hat Fellini eine Geschichte, die er in seiner Kindheit hörte, zu diesem Drehbuch angeregt. In diesem kurzen Film ist Fellini nicht nur Drehbuchautor und Regieassistent, sondern auch Schauspieler. Er spielt den Vagabunden, den Anna Magnani für den heiligen Joseph hält. Für diese Rolle läßt er sich sogar die Haare bleichen, nachdem Rossellini ihn davon überzeugt hat, daß dies absolut notwendig für die Rolle sei. Im gleichen Jahr schreibt Fellini zusammen mit Pinelli, Germi und Mangione das Drehbuch zum Film *In nome delle legge* von Pietro Germi, nach dem Roman von Giuseppe Guido Lo Schiavo.

1949 In Zusammenarbeit mit Pinelli entsteht das Drehbuch zu der Verfilmung *Il mulino del po* – Regie führt Alberto Lattuada. Danach arbeitet Fellini wieder für Rossellini. Es entsteht der Film *Francesco giullare die Dio* – die Verwirklichung eines Projekts, das entstanden war, als man in einem Mönchskloster in der Romagna eine Episode für *Paisà* drehte.

1950 Wieder ein Film für Germi, und zwar *Il cammino della speranza.* Dann folgen *Persiane chiuse,* Regie Comencini, *Il brigante di Tacca di Lupo* von Pietro Germi, *Europa 51* von Rossellini und, wieder für Germi, *La città si difende.* Im Frühjahr dieses Jahres möchte Fellini seinen Segelfliegerschein machen, doch seine Mutter erfährt davon und läßt den Sohn schwören, niemals selbst zu fliegen.

Fellini, Alberto Lattuada, Giulietta Masina und Carla Del Poggio gründen eine Genossenschaft, die sich mit vier anderen Gesellschaftern, den Inhabern einer Filmgesellschaft namens Capitolium, zusammenschließt, um den Film *Luci del varietà* (Lichter des Varieté) zu produzieren. Der Film erzählt die wahren und erfundenen Abenteuer jener berühmten Tournee der Schauspielertruppe von Aldo Fabrizi – einer Tournee, von der Fellini stets behauptete, er habe im Winter 1939 an ihr teilgenommen, während dies von allen anderen, vor allem von Aldo Fabrizi, heftig abgestritten wird.

Die Idee zu diesem Film stammt von Fellini, der zusammen mit Pinelli das Drehbuch schreibt. Regie führen Alberto Lattuada und Federico Fellini. Carla Del Poggio und Giulietta Masina sind die beiden Hauptdarstellerinnen. Die Rolle des glücklosen und weltfremden Schauspielleiters der zerlumpten Theatertruppe spielte Peppino De Filippo. Der Film wird von der Kritik zwar gut aufgenommen, ist aber kein Publikumserfolg. Erst nach dem weltweiten Triumph des Filmes *La Strada* wird auch *Luci del varietà* von jenen Kritikern aufgewertet, die dem Streifen zuvor nur wenig Beachtung geschenkt hatten. Obwohl der Film nun auch wieder im Kino gezeigt wird, und zwar diesmal mit einem besseren Ergebnis, wird er kein finanzieller Erfolg für die an der Genossenschaft beteiligten Schauspieler und Schauspielerinnen.

Fast das gleiche Schicksal wie *Luci del varietà* erfährt der 1951 gedrehte Film *Lo sceicco bianco* (Der weiße Scheich/Bittere Liebe), bei dem Fellini zum ersten Mal allein Regie führt. Den Anstoß zu diesem Film über die Welt der Bildromane hatte Antonioni gegeben. In dem für diesen geschriebenen Drehbuch verarbeiten die beiden Freunde auch Fellinis einschlägige Erfahrungen aus jener Zeit, da er für die Leserinnenpost der Zeitschrift »Cine Illustrato« zuständig war. Allein, die Geschichte findet, so wie die beiden Freunde sie aufgebaut haben, keine Gnade beim Regisseur Antonioni. Darauf schlägt der Produzent Rovere Fellini vor, selbst die Regie zu übernehmen. Nach einigem Zögern läßt sich Fellini dazu überreden. Er wählt Alberto Sordi als Hauptdarsteller, Leopoldo Trieste als den jungen Ehemann, und Brunella Bovo spielt die Rolle der in den Comic-Helden verliebten jungen Ehefrau. In einer kleinen Nebenrolle spielt auch Giulietta Masina mit. Sie ist eine ungewöhnliche Dirne, ein kleiner Nachtgeist namens Cabiria, die den während der Hochzeitsreise von seiner törichten Ehefrau verlassenen Ehemann tröstet. *Lo sceicco bianco* wird beim Filmfestival in Venedig im Nachmittagsprogramm gezeigt und vom Publikum mit offenkundigem Vergnügen aufgenommen. Von der Kritik allerdings wird der Film am nächsten Tag in wenigen Zeilen zerrissen. Man wertet Fellinis Debüt als Filmregisseur als Fehlschlag. Wörtlich schreibt Nino Ghelli, Kritiker der Zeitschrift »Bianco e Nero«: »Fellinis Versuch als Regisseur ist hoffnungslos gescheitert.« Der Film kommt zwar noch in die italienischen Kinos, wird aber nach einigen Tagen wieder abgesetzt.

Dieser totale Mißerfolg hat mehrere Gründe: Einer davon ist wohl der Mißerfolg in Venedig, ein anderer der, daß der Schauspieler Alberto Sordi dem Publikum unsympathisch ist und von diesem völlig abgelehnt wird. Die Verleihfirmen versteigen sich sogar zu der Behauptung, Sordis Name sei schädlich und vertreibe die Zuschauer aus den Kinosälen. Das geht so weit, daß Fellini bei der Realisierung seines nächsten Filmes *I vitelloni* (Die Müßiggänger) zusätzlich zu all den Schwierigkeiten, die er ohnedies schon hat, auch noch auf Ablehnung stößt, als er Sordi als Darsteller engagiert. Auch als der Film nach unendlichen Schwierigkeiten endlich fertiggestellt ist (die Dreharbeiten müssen viermal unterbrochen werden, weil der Produzent Lorenzo Pegoraro jede zweite Woche behauptet, keine Mittel mehr zu haben), stellt der Name Sordi ein zu großes Handikap für den Filmverleih dar, so daß der Name nicht auf den Plakaten erscheinen darf und in den ersten fünfzig Filmkopien gelöscht werden muß.

1952 Genau ein Jahr nach *Lo sceicco bianco* wird *I vitelloni* in Venedig gezeigt. Das Publikum folgt der Vorführung mit wachsender Begeisterung, immer wieder wird geklatscht. Nach Beendigung der Vorstellung kommt es zu einem wahren Beifallssturm. Für Fellini und seine *vitelloni* ist es ein riesiger Erfolg. Wie kam es aber zu diesem mehrfach preisgekrönten Filmstreifen? *I vitelloni* entstand als Ersatz für einen anderen Film, und zwar für *La Strada*, den der Produzent Lorenzo Pegoraro, einer der wenigen Bewunderer von *Lo sceicco bianco*, abgelehnt hatte. Die Sache hatte sich folgendermaßen abgespielt: Begeistert von Fellinis Arbeit (er hatte *Lo sceicco bianco* sechsmal gesehen), verpflichtete Pegoraro Fellini dazu, zwei Filme für ihn zu drehen. Fellini legte ihm darauf das Projekt *La Strada* vor – eine Geschichte, die ihm sehr am Herzen lag und die er gemeinsam mit Tullio Pinelli seiner Ehefrau Giulietta Masina auf den Leib geschrieben hatte. Die Geschichte gefiel Pegoraro zwar, doch schien ihm Giulietta Masina für die Rolle ungeeignet. Die Meinungsverschiedenheiten zwischen Produzent und Drehbuchautor führten zur Auflösung des Vertrages für den ersten Film. Der zweite Vertrag jedoch mußte erfüllt werden. Verletzt von Pegoraros Weigerung, *La Strada* zu produzieren, wollte sich Fellini dieser Verpflichtung möglichst schnell entledigen und machte sich sogleich auf die Suche nach dem Stoff für einen neuen Film. Auch mit dem Drehbuchautor und Schriftsteller Ennio Flaiano sprach er darüber. Der hatte ihm ebenfalls abgeraten, *La Strada* zu verfilmen, da ihm die Geschichte mißfiel und er an deren Erfolg zweifelte. Eines Tages nun erzählte Fellini Flaiano aus seiner Jugendzeit in Rimini: von den Winterabenden im »Café Del Commercio«, den trostlosen Strandspaziergängen Ende Oktober, bei denen das Meer vom Nebel verhüllt war, von den dummen, brutalen Scherzen unter Freunden, von dem sehnsuchtsvollen Warten auf die Sommersaison. Mit einem Male kam er auf die Idee, all dies könne einen guten Stoff für einen Film abgeben. Flaiano zeigte sich sofort begeistert. Er stammte ebenfalls aus einer Stadt am Meer, aus Pescara, und hatte ähnliche Erinnerungen – an die gleiche Atmosphäre, die gleichen abstoßenden Possen, die gleiche Trostlosigkeit, die gleiche Melancholie. Die Geschichte wurde in fünfzehn Tagen niedergeschrieben. An der Ausarbeitung des Drehbuchs beteiligte sich dann auch noch Tullio Pinelli. Mit der Herstellung des Films begonnen wurde im Dezember. Und trotz der zuvor erwähnten Schwierigkeiten und Unterbrechungen waren die Dreharbeiten im Frühjahr beendet.

1953 Sofort nach der Fertigstellung von *I vitelloni* und noch vor deren Vorstellung in Venedig stimmt Fellini dem Projekt Zavattinianos zu, die erste Nummer der »Rivista cinematografica – Lo spettatore« ins Leben zu rufen. Sein erster Beitrag behandelt ein alltägliches Thema, und zwar die Liebe in der Stadt. Der Filmbeitrag, der daraus entsteht, heißt *Agenzia matrimoniale,* dem Fellini, wie stets, autobiographische Züge verleiht und bei dem er sich bisweilen von der vorgegebenen realistischen Formel der Verwirklichung und der Darstellung entfernt. Als Darsteller wählt er Schüler des »Centro Sperimentale di cinematografia« (Experimentelles Filmzentrum).

Fellinis Episode wird zwar von der Kritik mit Wohlwollen re-

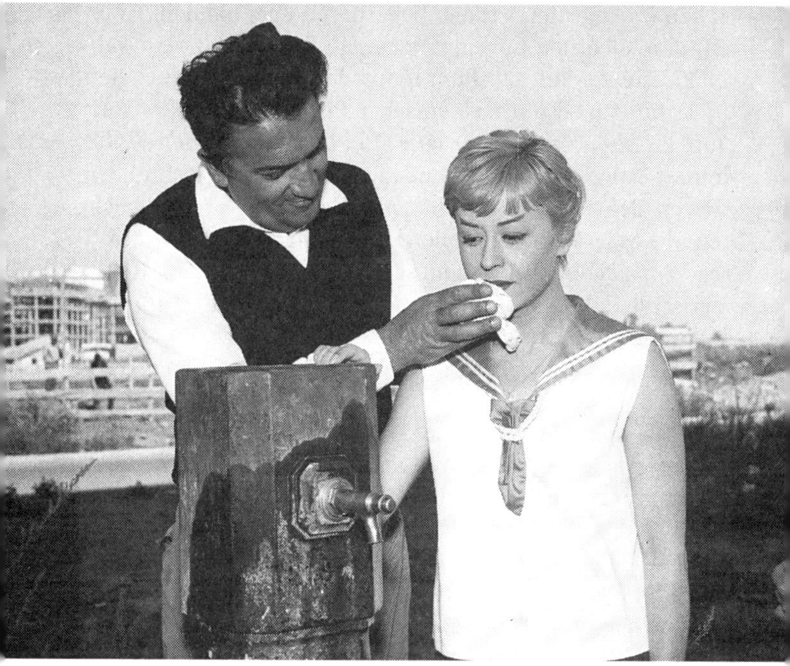

Federico Fellini und Giulietta Masina bei Dreharbeiten

zensiert, doch der zum Jahresende erscheinende komplette Film wird kein Publikumserfolg.

In der Zwischenzeit hat Fellini zwei Produzenten gefunden, die bereit sind, *La Strada* zu finanzieren: Carlo Ponti und Dino de Laurentiis. Nach einigen Unstimmigkeiten bei der Wahl der Darsteller (Ponti hätte lieber das Gespann Silvana Mangano – Burt Lancaster in den Rollen gesehen) kann man Anfang Dezember mit den Dreharbeiten beginnen. Die Außenaufnahmen werden in Viterbo, Ovindoli, Bagnoregio und in einigen kleinen Dörfern in Mittel- und Süditalien gedreht. Im Mai ist der Film »im Kasten«, und am Abend des 7. September wird *La Strada* anläßlich des Filmfestivals in Venedig uraufgeführt. Der Film ist sofort ein Riesenerfolg und wird in

Italien wie auch im Ausland begeistert aufgenommen. Er erhält den Silbernen Löwen in Venedig. Danach geht ein wahrer Preisregen auf den Film hernieder – u. a. erhält er den Oscar für den besten ausländischen Film. Allein in New York läuft *La Strada* drei Jahre lang. Bei der italienischen Kritik kommt es indessen zu wütenden Querelen. Die Katholiken preisen den Film als ein Gleichnis vergeistigter Christlichkeit; die Marxisten verurteilen ihn als einen schweren Angriff gegen den Neorealismus und seine Ästhetik. Kritiker, Regisseure, Intellektuelle, Politiker – alle fühlen sich aufgefordert, Stellung entweder pro oder contra zu beziehen. Monatelang sind Zeitungen und Zeitschriften voller heftiger Kontroversen dazu. Dabei geht es allerdings mehr um Ideologie als um die filmischen Qualitäten des Werkes. Gleichwohl ist Fellini mit einemmal ein in aller Welt anerkannter Filmschaffender.

1955 Zum ersten und zum letzten Male in seinem Leben ist Fellini bereit, den Uraufführungen eines seiner Werke, in diesem Fall *La Strada,* in verschiedenen Ländern beizuwohnen. Er und seine Ehefrau werden überall enthusiastisch gefeiert und mit Ehren überhäuft. Die amerikanischen Regisseure geben zu Ehren des Ehepaars Fellini ein Fest: Endlose Reden werden gehalten, die Anwesenden applaudieren begeistert; John Ford, der Präsident der Screen Guild Directors, übergibt Fellini den eigens für diese Gelegenheit gestifteten Preis der amerikanischen Regisseure. In Holland tragen die Honoratioren des Städtchens Nierbeeg Fellini das Bürgermeisteramt auf Lebenszeit an. In Paris, London und New York werden Restaurants, Pizzerias, Cafés und Nachtlokale »La Strada« genannt. Ein Schweizer Zigarren- und Zigarettenhersteller bringt eine neue Zigarre mit dem Namen »Zampano« auf den Markt. In aller Welt werden »Gelsomina«-Puppen aus Stoff oder anderen Materialien – wie auch Keramikfiguren – kreiert. Der Titel *La Strada* wird in keinem Land übersetzt. Überall behält der Film seinen italienischen Originalnamen. Auch heute noch würde kein Ausländer eine Übersetzung akzeptieren. Für die Nichtitaliener ist *La Strada* ein Syn-

onym für Liebe, Melancholie und Hoffnung, für immer verbunden mit dem Gesicht Gelsominas, diesem sanften, zärtlichen, zerbrechlichen und rührend komischen Clown.
Nach der Fertigstellung von *La Strada* trägt sich Fellini einige Monate lang mit dem Gedanken, einen Film mit dem Titel

›La Strada‹

Moraldo in città zu drehen – eine Art römische Fortsetzung von *I vitelloni*. In der Zeitschrift »Cinema« erschien die Geschichte sogar im Vorabdruck, und zwar in Fortsetzungen von August bis Dezember 1954 (Nr. 139, 142, 144, 145, 146 und 147).

Fellini legt dieses Filmprojekt dann beiseite (um es später teilweise in dem Film *Roma* wieder aufzunehmen) und trägt sich nun mit der Idee, einen Film über drei Betrüger zu drehen, die ihr Unwesen in der italienischen Provinz treiben und naive Mitmenschen hereinlegen. Das Treatment entsteht in Zusammenarbeit mit Pinelli und Flaiano, dabei werden die Rollen den Schauspielern Alberto Sordi, Aldo Fabrizi und Peppino De Filippo auf den Leib geschrieben. Nach dem üblichen Abklappern der Produzenten erklärt sich Goffredo Lombardo von der Filmgesellschaft »Titanus« bereit, den Film zu finanzieren. Er billigt Fellini und seinen Mitarbeitern ausreichend Zeit für eine sorgfältige Untersuchung des »Bidonisti«-Milieus (so die Bezeichnung dieser Betrügergattung) zu. Angesichts einer viel härteren und dramatischen Wirklichkeit ändert sich die ursprüngliche Idee, einen malerischen und spritzigen Film zu drehen. Die Autoren konzentrieren statt dessen ihre Aufmerksamkeit auf die Geschichte eines einzelnen »Bidonista«. Für diese Rolle schwebt Fellini zuerst Humphrey Bogart und dann Pierre Fresnay vor, doch zu guter Letzt entscheidet er sich für Broderick Crawford. Die Dreharbeiten beginnen im Mai und sind am 16. Juli beendet. Im August arbeitet Fellini fieberhaft an der Fertigstellung der Endfassung, denn der Film soll am 10. September in Venedig vorgeführt werden. Die Reaktion des Publikums und der Kritik ist eher verhalten. Zwar wird der Film nicht regelrecht abgelehnt, doch wirft man ihm eine schleppende Handlung und einen verworrenen Aufbau vor. Nachdem Fellini einige Schnitte vorgenommen hat, kommt *Il bidone* (Die Schwindler/Fellini's Gauner) ins Kino, doch der Film wird kein Kassenschlager. *Il bidone* teilt das Schicksal anderer Fellini-Filme, d. h., er wird zehn Jahre später von der Kritik wie-

Während der Dreharbeiten zu ›Fellini's Gauner/Die Schwindler‹

derentdeckt und neu bewertet, und zwar als eines der wichtigsten frühen Fellini-Werke, in dem aber die Ansätze zu *La dolce vita* (Das süße Leben) im Keim schon enthalten waren.
1956 *Le notti di Cabiria* (Die Nächte der Cabiria). Die Idee, die zu diesem Film führte, beschäftigte Fellini ziemlich lange. Schon 1947 schlug er Rossellini vor, anstatt *Il Miracolo* die Geschichte einer rührend naiven Vorstadtdirne zu verfilmen. Zu diesem Zweck betreiben Fellini, Pinelli und Flaiano, so wie für *Il bidone,* ausgedehnte Milieustudien. Fellini fordert sogar Pier Paolo Pasolini auf, die Dialoge zu über-

arbeiten und neu zu schreiben. Nach dem kommerziellen Mißerfolg von *Il bidone* denkt Fellini zunächst nicht an die sofortige Verfilmung der *Le notti di Cabiria.* Solmi schreibt, Fellini habe auch andere Filmprojekte damals geprüft: »Zwei von ihnen wurden schon im Vorstadium wieder fallengelassen. Das erste Projekt handelte von einem Mann, der mehrere Familien hat und ständig von einer zur anderen wirbelt. Im zweiten ging es um die (wunderbare) Geschichte einer jungen Nonne, die mit einigen Mitschwestern in einem Kloster in den Bergen eingeschneit wird und ohne Lebensmittel überlebt.« Es gab noch ein recht konkretes und schon weit gediehenes drittes Projekt, und zwar, den Roman von Mario Tobino »Le libere donne di Magliano« mit Montgomery Clift in der Hauptrolle zu verfilmen.

Schließlich entscheidet sich Fellini doch für *Le notti di Cabiria.* Einige Monate lang bemüht er sich, einen Produzenten zu finden, der ihm ausreichende Sicherheit bietet. Nach dem üblichen Durcheinander aus Vorschlägen, Diskussionen, Versprechungen und Hoffnungen (angeblich waren zehn Produzenten im Gespräch) gibt Dino de Laurentiis seine Zustimmung.

Die Dreharbeiten beginnen im Sommer und dauern viereinhalb Monate. Den Winter verbringt Fellini damit, die 56000 Meter belichteten Filmmaterials zusammenzuschneiden.

1957 Zur endgültigen Fassung von *Le notti di Cabiria* kommt es Anfang März. Der Film wird beim Festival in Cannes aufgeführt und ist sogleich ein voller Erfolg (Giulietta Masina erhält den Preis als beste Hauptdarstellerin). Der Erfolg bestätigt sich, als der Film im Herbst in die Kinos kommt. Diesmal gibt es keine zermürbende Polemik wie bei *La Strada.* Nur einige wenige Kritiker werfen Fellini thematische Monotonie und eine unorganische Erzählweise vor. In den USA erhält der Film einen Oscar und den Kritikerpreis der Stadt New York. Inzwischen ist Fellini auf der Suche nach neuen Filmstoffen. Die unterschiedlichsten Gerüchte sind darüber im Umlauf: Ein »Barabbas«-Film nach dem Roman von Pär Lagerkvist und mit Anthony Quinn in der Hauptrolle (der Roman wurde später durch Richard Fleischer verfilmt); eine moderne Casanova-Version mit Orson Welles; eine »Decamerone«-Verfilmung; »Don Quijote« mit Jacques Tati und

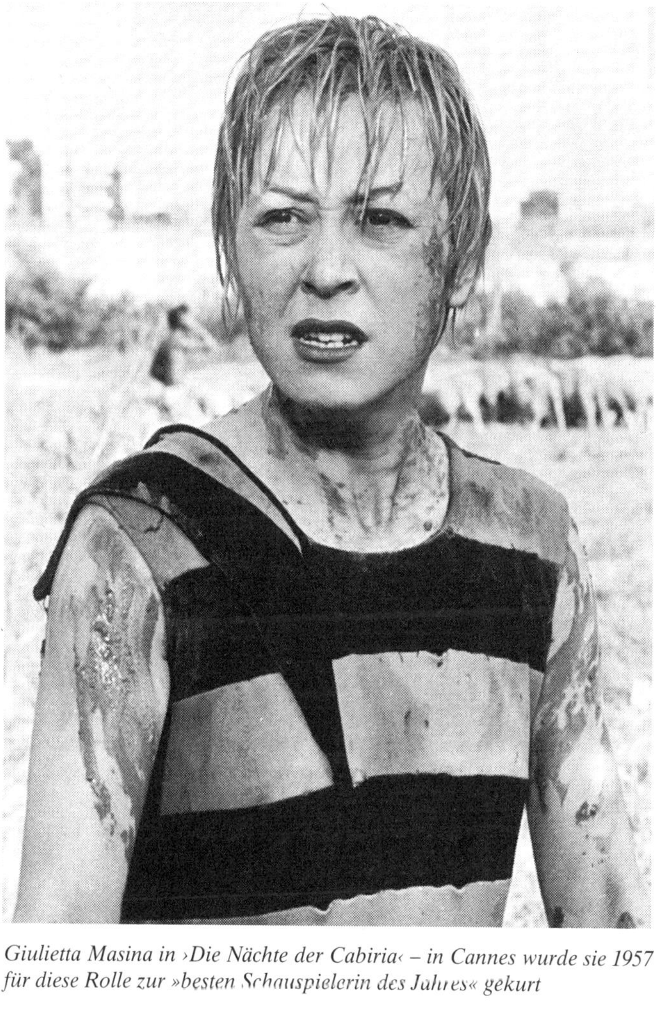

Giulietta Masina in ›Die Nächte der Cabiria‹ – in Cannes wurde sie 1957 für diese Rolle zur »besten Schauspielerin des Jahres« gekürt

Für ›La Strada‹ erhielt Federico Fellini 1957 den Oscar für den besten ausländischen Film

»Ein Marsmensch in Rom« von Flaiano. Konkreter war schon das Filmprojekt »Viaggio con Antia«, ein Stoff, den Pinelli für das Paar Sophia Loren und Gregory Peck zum Drehbuch verarbeitete. (Der Stoff wurde später von Monicelli ver-

Zusammen mit Giulietta Masina und dem Produzenten Dino de Laurentiis erhielt Fellini 1958 das Filmband in Gold

filmt, der als Huldigung für Fellini eine Sequenz einbaute, in der man die Entstehung der nächtlichen Szene im Piazza di Trevi aus *Das süße Leben* sieht.) Sicher ist nur, daß Fellini in dieser Zeit die Geschichte und das Drehbuch zu dem *Fortu-*

nella-Film von Eduardo De Filippo schreibt, dessen Hauptdarstellerin Giulietta Masina ist.

1958 Nachdem aus verschiedenen Gründen all diese Projekte wieder verworfen worden sind, prüft Fellini erneut die Möglichkeit einer Verfilmung von »Moraldo in città« und erwägt eine radikale Aktualisierung des Stoffes. So beginnen die langwierigen Vorbereitungen und Arbeiten zu *La dolce vita*. Mehrere Monate lang ist Fellini ein häufiger Gast der Cafés in der Via Veneto. Die Geschichte gewinnt allmählich Konturen, wird durch einige neue Erfahrungen angereichert. Bei Herbstbeginn ist es dann fast soweit. Die Suche nach einem Produzenten endet am 28. Oktober, als Fellini den Vertrag mit der *Riama* (Società Rizzoli-Amato) abschließt. An-

Fellini bei einem seiner vielen Interviews, 1959

Federico Fellini 1959

fang November trifft Gherardi die ersten Vorbereitungen für Szenenbilder und Kostüme. Doch noch immer herrscht Ungewißheit und Durcheinander hinsichtlich der Besetzung.
1959 Die Dreharbeiten zu *La dolce vita* beginnen am 16. März im Studio 14 in Cinecittà. Allerdings herrscht noch immer Ungewißheit über einige Rollenbesetzungen. Für die Rolle des Hauptdarstellers hat Fellini von Anfang an auf Marcello Mastroianni gesetzt, obwohl einige andere (unter ihnen de Laurentiis, einer der eventuellen Produzenten) lieber Paul Newman oder sogar Burt Lancaster verpflichtet hätten. Um so langwieriger aber ist die Wahl der übrigen Schauspieler. Wir wollen hier nicht alle Namen aufzählen, die von der Presse als mögliche Kandidaten für die eine oder andere Rolle genannt werden, sondern begnügen uns damit, jene zu nennen, die von der Produktion tatsächlich kontaktiert werden. Für die Rolle des Steiner sind es: Henry Fonda, der Schriftsteller Elio Vittorini und Enrico Maria Salerno; für die der Maddalena: Silvano Mangano und Madeleine Fischer;

für die des Vaters: Maurice Chevalier. Ende Mai scheint es dann sicher, daß Luise Rainer die Rolle der Dolores spielen wird – einer nymphomanen Schriftstellerin, die Marcello in ihr Refugium bringt, damit er dort ein Buch schreiben kann. Diese Episode wird jedoch später gestrichen, da man in ihr eine Wiederholung der Steiner-Episode sieht. Für weitere Rollen zieht man Edvige Feuillere, Greer Garson, Peter Ustinov und Barbara Stanwyck in Betracht. Am 27. August schließlich sind die Dreharbeiten beendet. In diesen sechs Monaten sind 92000 Meter Filmmaterial verbraucht worden. Im November ist eine erste, 5500 Meter lange Fassung fertiggestellt, und nun wird der Film in einer langen Reihe von Privatvorführungen den Kritikern und Intellektuellen vorgestellt. Es kommt zu den ersten Polemiken.

1960 Anfang Februar kommt *La dolce vita* in der 5000 Meter langen endgültigen Fassung in die italienischen Kinos. Publikumserfolg und Polemiken halten sich die Waage. Bei der Uraufführung in Mailand wird der Film ausgepfiffen, der anwesende Fellini gar bespuckt. Die häufigsten Vorwürfe beschuldigen den Film der Unmoral und des Wohlgefallens an anstößigen Situationen. Die schärfsten Attacken gegen den Film kommen aus kirchlichen und konservativen Kreisen, obwohl *Das süße Leben* sofort mit der Unterstützung einiger aufgeschlossener Priester rechnen kann. Die offiziellen Organe der katholischen Kirche greifen den Film heftig an, der in den Sonntagspredigten häufig als eine Quelle des Skandals bezeichnet wird. Einige Abgeordnete und Senatoren bringen den Fall sogar vors Parlament. Sie verlangen ein Verbot dieses Filmes. Die Regierung weist dieses Ansinnen zurück. Sicherlich tragen alle diese Polemiken zum kommerziellen Erfolg des Filmes bei, verhindern aber auch eine konsequente kritische Analyse des Werkes. So wurde ganz allgemein immer wieder von »der Neuheit der Ausdrucksmittel«, »dem großen Sittengemälde«, dem »Barocken« gesprochen, und diese Merkmale wurden hervorgehoben und unterstrichen. *La dolce vita* erhielt eine Anzahl internationaler Auszeichnungen, darunter die Goldene Palme des Filmfestivals in Cannes.

1961 Fellini ist mittlerweile der berühmteste italienische Filmregisseur. Seine Filme machen Schlagzeilen und füllen die Kinokassen in aller Welt. Nun ist er stark genug, um (gemeinsam mit Rizzoli und dank der kostbaren Mitarbeit von

Sicherlich die berühmteste Szene aus ›Das süße Leben‹: Anita Ekberg sucht im Trevi-Brunnen Abkühlung

Clemente Fracassi) eine eigene Produktionsgesellschaft zu gründen. So entsteht die »Federiz«, die sich allerdings nur äußerst vorsichtig im Geschäftsleben behauptet. Während er darauf wartet, eine anspruchsvollere Auswahl treffen zu können, erklärt sich Fellini bereit, eine der vier Episoden des Zavattini-Filmes *Boccaccio 70* zu drehen. Die Dreharbeiten beginnen im Mai, und sogleich sieht man in *Le tentazioni del Dottor Antonio* eine durchsichtige Polemik gegen jene Kreise, die gegen *La dolce vita* gewettert haben.

Fellini besucht Anna Magnani und Anthony Quinn bei Dreharbeiten in den Paramount-Studios in Hollywood

Marcello Mastroianni in der Rolle des ausgebrannten Regisseurs Guido in ›Achteinhalb‹

1962 Am 22. Februar wird *Boccaccio 70* bei einer Galavorstellung in Mailand uraufgeführt. Der Erfolg ist ordentlich, aber nicht überwältigend. Fellini beschäftigt sich indessen mit den Vorbereitungen zu dem Film *Achteinhalb*. Das Konzept zu diesem Film war schon im Oktober 1960 entstanden, doch das Vorhaben hatte damals keinen Titel erhalten und wird nie einen richtigen bekommen. Auf einer Schreibmappe, in der er seine Notizen inmitten seiner Zeichnungen erotischer Frauen aufbewahrte, hatte Fellini eine große 8 ½ gekritzelt, und zwar, weil dieses Projekt sein achteinhalbter Film werden sollte. Diese Zahl wird dann der endgültige

Filmtitel. Für die Hauptrolle hat man ursprünglich Laurence Olivier und Charles Chaplin in Erwägung gezogen, doch im Dezember 1961 (die vorbereitenden Arbeiten waren schon sehr weit gediehen) fällt die Wahl endgültig auf Marcello Mastroianni. Im Mai 1962 beginnen die Dreharbeiten zu *Achteinhalb,* im Oktober sind sie abgeschlossen. Anschließend erhält der Film in einer längeren Arbeitszeit seine endgültige Fassung.

Am 15. Februar kommt *Achteinhalb* in die italienischen Kinos und feiert wahre Triumphe bei Kritik und Publikum. Fellinis deutlicher Autobiographismus wird mit dem der größten Schriftsteller des 20. Jahrhunderts verglichen: vor allem mit demjenigen von James Joyce in »Ulysses«, doch auch mit Musil, Pirandello und sogar mit Kafka. Die Verleihfirma, die befürchtet, das Publikum könne den Film als unverständlich ablehnen, bringt einige Zeit lang Kopien in Umlauf, in denen die »Traumteile« des Films sepiafarben eingefärbt sind – doch das Experiment hat wenig Erfolg. Auch dieser Film wird mit Preisen förmlich überschüttet. Er bekommt den Oscar für den besten ausländischen Film, den ersten Preis beim Filmfestival in Moskau und siebenmal das Silberne Band.

1964/1965 Auf dem Gipfel seines Erfolges angelangt, zögert Fellini lange, ehe er sich für einen neuen Film entscheidet. Ende 1964 ist jedoch das Drehbuch zu *Giulietta degli spiriti* (Julia und die Geister) fertig. Es ist sein erster abendfüllender Film in Farbe. Die Dreharbeiten in den Filmstudios von Cinecittà und in der Pineta von Fregene nehmen das ganze Frühjahr und den Sommer 1965 in Anspruch. Im September kommt der Film in die italienischen Kinosäle. Die Kritik lobt zwar die formalen Werte des Werkes, zeigt sich aber verständnislos gegenüber dem, was sie als eine barocke und dekorative »weibliche Version« des schon in *Achteinhalb* behandelten Themas betrachtet. Dieser Film beendete die lange Zusammenarbeit mit den Freunden Tullio Pinelli und Ennio Flaiano. Außerdem scheidet auch Brunello Rondi aus der Gruppe der Mitarbeiter aus und wird erst wieder in *La* *città delle donne* (Die Stadt der Frauen) mit Fellini zusammenarbeiten.

1966 Das ganze Jahr hindurch beschäftigt sich Fellini mit dem Filmprojekt »Il viaggio di Mastorna«, das von de Laurentiis produziert werden soll, nachdem *Giulietta degli spiriti* seine Zusammenarbeit mit Rizzoli und das Experiment »Federiz« beendet hat. Die Vorarbeiten zu »Mastorna« kommen

Fellini 1965 bei den Dreharbeiten zu ›Julia und die Geister‹

nur langsam voran. Im September gefährdet ein Zerwürfnis mit de Laurentiis ernsthaft die Verwirklichung des Projekts, doch im Dezember wird es wieder aktuell, dank der Annahme einer direkten Intervention der neugeschaffenen »Italnoleggio«.

1967 Hartnäckig halten sich die Gerüchte über eine mögliche Verfilmung von »Il viaggio di Mastorna«. Als Fellini auf den für die Hauptrolle vorgesehenen Mastroianni verzichtet, kündigen die Amerikaner ihre finanzielle Beteiligung auf. Im Februar versucht dann de Laurentiis, den das Projekt schon über eine halbe Milliarde Lire gekostet hat, noch einmal, die Sache in Gang zu bringen. Nachdem zunächst Laurence Olivier im Gespräch war, soll nun der Schauspieler Ugo Tognazzi den Mastorna spielen. Im April jedoch ist wieder alles ungewiß. Fellini erkrankt an einer seltenen und schweren Form allergischer Brustfellentzündung und muß sofort in ein Krankenhaus eingeliefert werden. Die darauffolgende Genesungszeit im Sommer in Marzana nutzt Fellini, um ein Erinnerungsbuch über seine Kindheit und Jugendzeit in Rimini zu diktieren (erschienen bei Capelli) und um seine zukünftigen Filmprojekte zu überdenken. »Il viaggio di Mastorna« wird somit endgültig fallengelassen. Der Produzent Raymond Eger (zusammen mit Alberto Grimaldi) schlägt ihm vor, an einem Film mitzuwirken, der nur Erzählungen von Edgar Allen Poe zum Thema hat. Außer Fellini sollen noch zahlreiche international bekannte Regisseure einzelne Episoden für diesen Film übernehmen. So hat man schon Drehbücher bei Joseph Losey, Louis Malle, Orson Welles und Luchino Visconti in Auftrag gegeben. Auf der Suche nach einem geeigneten Stoff liest Fellini eine Erzählungssammlung von Bernardino Zapponi mit dem Titel »Gobal«. Auf seinen Wunsch hin lernt er den Schriftsteller kennen, sie werden Freunde, und Fellini schlägt sein Werk den Produzenten vor, die jedoch die Verfilmung einer Zapponi-Erzählung ablehnen. Zusammen mit Zapponi schreibt Fellini das Drehbuch zu der Erzählung von Edgar Allen Poe »Wette mit dem Teufel

Fellini und Giulietta Masina auf der Dachterrasse ihrer Wohnung in Rom

nicht um den Kopf«, das im September fertiggestellt ist. Als Hauptdarsteller möchte Fellini Peter O'Toole gewinnen. Als dieser ablehnt, verengt sich die Wahl auf James Fox und Terence Stamp, der dann die Rolle bekommt. Die Dreharbeiten beginnen im November und dauern sechsundzwanzig Tage.

Zwei Tage vor dem Beginn hatte de Laurentiis Fellini angerufen und ihm die Regie des Filmes »Waterloo« angetragen.

1968 Während er an der Fassung von *Toby Damnit* (nach der oben erwähnten Edgar-Allen-Poe-Erzählung) arbeitet,

kommt Fellini eine Zeitlang auf das »Matorna«-Projekt zurück, weil der Produzent Grimaldi die hohen Verluste des Filmprojekts übernommen hat. Er holt das alte Drehbuch aus der Schublade, und dieses Mal scheint es, als ob sich all die Schwierigkeiten, die im Laufe der Jahre diesem Filmprojekt im Wege standen, verflüchtigt hätten. Nachdem er das Drehbuch nach so vielen Jahren wieder gelesen hat, äußert sich Fellini enthusiastisch. Er behauptet, es sei das beste Drehbuch, das er jemals geschrieben habe, es sei überhaupt nicht veraltet, sondern aktueller denn je, und er werde einen Film drehen, der alle anderen dieser Art in den Schatten stellen werde. Tatsache jedoch ist, daß dieses Projekt nicht verwirklicht wird und das Drehbuch wieder in der Schublade verschwindet.
Fellini denkt nun ganz konkret daran, das »Satyricon« zu verfilmen. Angeblich war ihm der Gedanke an eine Verfilmung des Petronios-Buches schon zu Zeiten des »Marc'Aurelio« gekommen. Damals wollte er gemeinsam mit Marchesi und Brancacci eine musikalische Version für Nanda Primavera und Aldo Fabrizi schreiben: Eines ist jedenfalls sicher: Nach der Verfilmung der *I vitelloni* taucht der Name »Satyricon« immer wieder unter seinen Filmprojekten auf, und sicherlich ist es auch kein Zufall, daß sich in den Rezensionen zu *La dolce vita* immer wieder der Vergleich zu »Satyricon« findet. Nun gewinnt das Thema »Satyricon« für Fellini neue Aktualität, auch im Zusammenhang mit den ersten Anzeichen des Jugendprotestes. Gemeinsam mit Zapponi schreibt er im Sommer das Drehbuch. Bevor er mit den Dreharbeiten zu *Satyricon* beginnen kann, muß er sich aber noch von den Trümmern seines Mastorna-Projektes befreien. Die Gelegenheit bietet sich, als die Amerikaner ihm vorschlagen, eine besondere Fernsehsendung für die *N. B. C.* zu drehen. So entsteht im September/Oktober *Fellini: A Director's Notebook.* Der Film zeigt Fellini inmitten der Inszenierungsrelikte des »Mastorna« und während der Suche nach dem Darsteller für *Satyricon. Notebook* wird zusammengeschnitten, während die

Es gab offenbar Interviews, bei denen sich Fellini königlich amüsieren konnte

Dreharbeiten zu *Satyricon* (begonnen am 9. November) anlaufen.

1969 Im April wird *Notebook* mit großem Erfolg im amerikanischen Fernsehen gezeigt. Am 23. Mai beendet Fellini die Dreharbeiten zu *Satyricon*. Die beiden jungen Hauptdarsteller, Encolpio und Ascilto, an deren Stelle Fellini eine Zeitlang Terence Stamp und Pierre Clementi in Erwägung gezogen hatte, sind zwei junge, völlig unbekannte Schauspieler: der Engländer Martin Potter (Encolpio) und der Amerikaner Hiram Keller (Ascilto). Für die Rolle des Trimalcione hat Fellini einen berühmten römischen Gastwirt gewählt, bekannt unter dem Spitznamen »Il moro«, und auf diese Weise endlich viele Schauspieler enttäuscht, die überzeugt waren, daß diese Rolle ihnen gebühre. Der Film wird beim Filmfestival in Venedig unterschiedlich aufgenommen. Einige Kritiker preisen ihn als den besten Fellini-Film, andere äußern ohne Umschweife Zweifel und Verwirrung, da sie die traditionelle Darstellung der heidnischen Welt in Fellinis visionären Traumbildern nicht wiederfinden. Der Film wird mit wechselndem Erfolg in allen Ländern der Erde gezeigt, hat aber einen außerordentlich nachhaltigen Erfolg in Japan, wo er fast vier Jahre im gleichen Kino läuft. Kurosawa, der wegen der Verfilmung von *Satyricon* mit Fellini und Bergman wegen der geplanten Verwirklichung eines gemeinsamen Episodenfilms schriftlich in Verbindung stand, schreibt Fellini einen Brief, in dem er sich mit ihm solidarisiert.

1970 Nach dem Erfolg von *Notebook* erhält Fellini mehrere Angebote für das Fernsehen. Mit dem ihm eigenen Tatendrang ordert er gleich mehrere Projekte: Ein Porträt von Mao Tse-tung, eine amerikanische Fabrikation, »Der Papst«, »Meine Stadt« ... Die Wahl fällt schließlich auf *Die Clowns, Botschafter meiner Berufung*. Der Film, eine deutsch-italienisch-französische Fernsehkoproduktion, wird im Laufe des Sommers gedreht und am Weihnachtstag in Italien ausgestrahlt. Im Laufe des Jahres geht Fellini auf den Vorschlag ein, sich selbst im Film *Die Welt von Alex* von Paul Marzursky darzustellen. So ist er in einem kurzen Gespräch mit dem Hauptdarsteller zu sehen, einem jungen amerikanischen Regisseur, der sich nach dem Erfolg seines ersten Filmes in einer Krise befindet und sich als glühender Verehrer des Filmes *Achteinhalb* erweist.

1971–1972 Fellini kehrt zum Kinofilm zurück. Im Sommer und Herbst 1971 dreht er den Film *Roma:* eine Verschmelzung der aktualisierten Themen seines alten Projekts »Moraldo in città« und des »Porträts einer großen Hauptstadt«, das jedoch jene undefinierbare Qualität, das gewisse Etwas, das Geheimnisvolle enthält, das Rom jene einzigartige Wirklichkeit verleiht (Fellini). Die Dreharbeiten werden mit Neugier von der Öffentlichkeit verfolgt und von jenem Werberummel begleitet, der mittlerweile für die Verwirklichung aller Fellini-Filme typisch ist. Fellini selbst macht sich einen Spaß daraus, die Menschen zu täuschen und zum Narren zu halten, indem er sich ostentativ mit der absoluten Improvisation seiner Arbeit rühmt: »Es ist noch nichts festgelegt, und

Fellini gibt bei den Dreharbeiten zu ›Satyricon‹ seinen Darstellern Hiram Keller und Martin Potter genaue Anweisungen

dies ist zum Teil der Grund dafür, daß ich den Film Stück für Stück drehen muß.« Trotzdem scheint er zufrieden mit den Bedingungen, unter denen er arbeitet. (»Ich muß mich nicht einengen. Die einzige Beschränkung, die ich mir selbst auferlegt habe, bezieht sich auf das Geld. Wenn die Mittel ausgehen, ist der Film zu Ende.«)
Im März 1972 kommt *Roma* in die italienischen Kinos. Auch dieser Film stößt bei Kritik und Publikum auf jene Mischung aus Zustimmung und Kritik, die das Erscheinen eines jeden neuen Fellini-Filmes kennzeichnet.

1973 Es ist das Jahr von *Amarcord.* Die in den Filmstudios von Cinecittà völlig neu erfundene fellinianische Wiederbegegnung mit der eigenen Jugend in Rimini hat überall einen riesigen Erfolg. Der Film erhält zahlreiche Preise in vielen Ländern und bringt Fellini den fünften Oscar ein. In Italien, wo der Film zu Weihnachten in die Kinos kommt, versuchen die Zeitschriften sofort, Beweise für eine unmittelbare Übereinstimmung zwischen den Figuren des Films und den Personen herzustellen, die Fellini in seiner Jugend kannte. In aller Welt widmet die Kritik dem Regisseur erhöhte Aufmerksamkeit. Das internationale Verlagswesen zeigt sich sehr interessiert an Monographien oder an sonstigen Abhandlungen über Fellini.

1974–1976 Fellini schränkt seine Aktivität beachtlich ein. Monatelang weiß man überhaupt nicht, was er gerade treibt oder vorbereitet. Dann, im Frühjahr 1975, erfährt man von seinem Filmprojekt *Casanova.* Erklärungen, die Fellini im Zusammenhang mit diesem Vorhaben und der Titelgestalt gibt, lassen alsbald erkennen, daß es sich um eine Haßliebes-Beziehung handelt. Dieses Filmprojekt wird das teuerste seiner Karriere: acht Millionen Dollar, siebzig Szenenbilder, siebzig große Filmstudien in Cinecittà, die sechsundzwanzig Wochen lang von einer hundertsiebzig Personen fassenden Filmtruppe besetzt sind. Von Dezember 1975 bis März 1976 werden die Dreharbeiten unterbrochen, weil der Produzent Grimaldi in finanzielle Schwierigkeiten geraten ist. Außer-

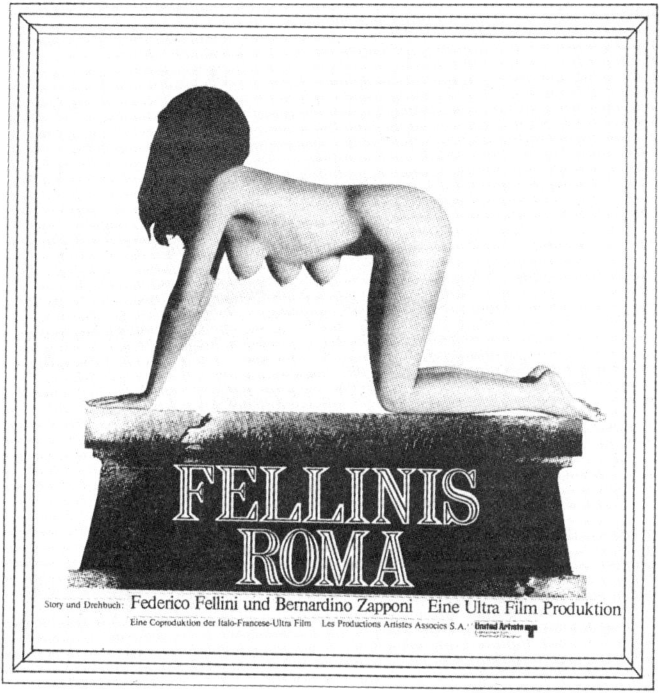

dem ist in der Presse angesichts einiger Filmrollen der gerade gedrehten Aufnahmen von Diebstahl die Rede. Wie dem auch sei, Fellini zeigt bei diesen Zwischenfällen eine große Gelassenheit: »Ich bin der wirtschaftlichste und schnellste Regisseur und habe auch keine Launen. Es gibt jedoch Ansprüche an den künstlerischen Ausdruck, auf die ich nicht verzichten kann. Wenn ein Maler ein bestimmtes Rot braucht, kann er sich nicht mit irgendeinem Rot begnügen«, erklärt er in diesen Monaten. Zum Vorwurf des Diebstahls äußert er: »An jenen Stellen wird auf der Leinwand in Balkenüberschrift der Satz erscheinen: ›Gestohlene Passagen!‹« Im November 1976 sind die Dreharbeiten beendet, und im folgenden Monat erscheint der Film in Italien.

1977–1978 Fellini bereitet ein neues Projekt vor. Daraus wird dann der Film *La città delle donne* entstehen. Im Dezember 1978 ist das Drehbuch praktisch fertig, doch da die Möglichkeiten einer Produktion noch nicht gegeben sind, arbeitet Fellini wieder fürs Fernsehen. So entsteht in sehr kurzer Zeit *Prova d'orchestra* (Orchesterprobe). Unter Politikern, Intellektuellen und in Filmkreisen ruft der Film heftige Reaktionen hervor. Fellini zeigt sich darüber amüsiert und verwirrt zugleich, denn für ihn ist dieser Film »eine einfache und unmittelbare Lehrfabel ohne intellektuelle Spitzfindigkeiten«, aber mit »der Weitläufigkeit der Auseinandersetzung mit Gedanken, die Allgemeingut sind« (das sind Äußerungen von Fellini in »La Repubblica« vom 23. Februar 1979).

1979 *Prova d'orchestra* wird zuerst im Kino gezeigt und erst am Ende des Jahres im Fernsehen gesendet. In der Zwischenzeit arbeitet Fellini an *La città delle donne.* Kurz vor dem Beginn der Dreharbeiten zu diesem neuen Film stirbt Nino Rota, vielleicht Fellinis wichtigster Mitarbeiter, da mit ihm wesensverwandt und auf ihn bestens eingespielt. Im April beginnen die Dreharbeiten zu *La città delle donne.* Es ist eine sehr schwierige und mühsame Zeit, da Unfälle jeder Art die Arbeit erschweren und der Tod des Schauspielers Ettore Manni die Atmosphäre verdüstert. Die Produktionsgesellschaft zwingt Fellini, die Dreharbeiten für einige Monate zu unterbrechen und den Drehplan zu überprüfen. Ende Oktober werden die Dreharbeiten wieder aufgenommen, und am 29. November ist der Film »im Kasten«.

1980 Nach zahlreichen privaten Vorführungen ist *La città delle donne* Ende März in den Kinos zu sehen. Den Filmverleih hat die Firma Gaumont. Im Laufe des Jahres kommt Fellini der Einladung des Verlegers Einaudi nach, eine kritische Ausgabe der zahlreichen Interviews und Erklärungen zu besorgen, die er im Laufe seiner gesamten Karriere gegeben hat. So entsteht der Film *Fare un film.*

1981 »Ein wenig, um Geld von der Gaumont zu bekommen, ein wenig, um uns ein Week-end lang zu unterhalten«, schreiben Fellini und Tonino Guerra »ohne große Überzeugung« den ersten Entwurf zu *E la nave va.* Renzo Rossellini ist von dieser Filmidee sehr angetan, und auf sein Drängen hin wird auch ein Treatment geschrieben. Doch dann versandet dieses Projekt, und Fellini denkt an die Verwirklichung anderer Vorhaben. So ist die Verfilmung von mehreren Erzählungen über die griechische Mythologie für die *CBS* im Gespräch. Für die *Rai* sollen einige Fernsehfilme mit dem Titel »Poliziotto!« verwirklicht werden. »Man denkt also an italienische Krimis von Fellini, mit Polizeibeamten oder Carabinieri in den Hauptrollen – Krimis, in denen Fellini beweisen wollte, daß er einen Vergleich mit Hammett, Chandler, Kojak

Fellini mit seinem männlichen Lieblingsstar Marcello Mastroianni während der Dreharbeiten zu ›Stadt der Frauen‹

und dem Inspektor Colombo nicht zu scheuen braucht.« Gleichfalls im Auftrag der *Rai* sind noch zwei Vorhaben unter dem Titel »Le fiabe« und »L'avvocato di provincia« im Gespräch. Doch dann gewinnt die Idee des Kinofilms die Oberhand.

1982 Das bei einem Fellini-Projekt übliche Ränkespiel der Produzenten zieht sich monatelang hin, während der Film immer mehr Konturen gewinnt. In einem Interview mit Oreste del Buono (Europeo, 27. September 1982) erklärte Fel-

Zur Entspannung geht Fellini manchmal in Nachtclubs, hier ist er in eine Roller-Disco geraten (März 1983)

Am 9. Mai 1984 wurde Fellini vom französischen Staatspräsidenten François Mitterrand in aller Feierlichkeit in die französische Ehrenlegion aufgenommen

lini: »Es wird ein Schwarzweißfilm werden – besser gesagt, mehrere Arbeiten in Schwarzweiß. Es werden mehrere Arten von Schwarzweiß-Farbtönen sein, denn der Film *La nave va* soll auch ein Film über die Geschichte der Fotografie und des Films werden.« Im November beginnen die sechzehn Wochen langen Dreharbeiten in Cinecittà. Es wird doch ein Farbfilm, nur einige Szenen werden sepiafarben – wie alte Fotos oder Daguerreotypien.

1983 Im März sind die Dreharbeiten beendet. Danach wird die endgültige Fassung zusammengeschnitten, und im Oktober gelangt *E la nave va* in die Kinos. Im Dezember schreiben

Bei den 36. Internationalen Filmfestspielen in Berlin war ›Ginger und Fred‹ der Eröffnungsfilm; Fellini war mit seiner Hauptdarstellerin und Ehefrau Giulietta Masina ebenso anwesend wie Gina Lollobrigida; der Herr in der Mitte ist Berlins Kultursenator Volker Hassemer

Fellini und Fonino Guerra die Handlung für eine Fernsehepisode mit Giulietta Masina: Das ist der Anfang von *Ginger und Fred.*

1984 Fellini dreht in Cinecittà Werbespots für »Campari« und »Barilla«. Der Film *Ginger und Fred* nimmt allmählich Gestalt an. Aus einer von sechs Geschichten, die ein kleiner, unabhängiger Produzent fürs Fernsehen geplant hatte, entsteht ein aufwendiger, von Alberto Grimaldi finanzierter, abendfüllender Film.

1985 Im Studio 15 in Cinecittà werden die ersten Bauten für *Ginger und Fred* errichtet. Die Dreharbeiten beginnen im römischen Bahnhof Stazione Termini und zeigen Gingers Ankunft in Rom. Ebenfalls in der Stazione Termini werden im Juni die abschließenden Szenen gedreht. Während die endgültige Fassung noch zusammengeschnitten wird, fährt Fellini im September zum Filmfestival nach Venedig, wo ihm der Goldene Löwe für das »Gesamtwerk« verliehen wird.

1986 Am 13. Januar, im Palais de Chaillot zu Paris, findet die Welturaufführung von *Ginger und Fred* statt.

Mitte September beginnt Fellini mit den Dreharbeiten zum Film *L'intervista.* Dieser Film wird in einer Atmosphäre strengster Zurückhaltung gedreht.

Obwohl man ihm das immer wieder angetragen hat, hat Fellini nie Regie für das Theater oder die Oper geführt. Unter den zahlreichen Projekten, an denen er arbeitet, scheint ihm eines besonders am Herzen zu liegen; wie immer möchte er nicht darüber sprechen.

1987 *Intervista* läuft bei den Filmfestspielen in Cannes außer Konkurrenz und wird sowohl vom Publikum als auch von der Jury begeistert aufgenommen. Fellini erhält für *Intervista* den Sonderpreis anläßlich des vierzigsten Geburtstages der Filmfestspiele. Aber gerade in Frankreich hat Fellini auch viel Ärger mit dem Verleih bzw. der Untertitelung, die dieser herstellen läßt: Fellini ist über die seiner Meinung nach schlechten Untertitel so erbost, daß er sich überlegt, ob er den Film nicht aus den französischen Kinos zurückziehen soll. Bei den Filmfestspielen von Moskau erhält Fellini den Publikumspreis sowie den Großen Preis der Jury.

1988 Fellini macht sich an die Arbeit zu einem neuen Film, *Intervista* war – entgegen der Ansicht einiger Branchenkenner – also kein Abschied. Über Titel und Inhalt des neuen Films war bei Fertigstellung des Manuskripts noch nichts Näheres bekannt.

Anmerkung von Vigano: Die vorliegende Biographie wurde von Fellini redigiert und ergänzt. Sie enthält daher einige Episoden und Details, die dem Leser sicher völlig unbekannt sind. Wir haben sämtliche Zusätze und Korrekturen Fellinis beachtet und selbst die erstaunlichsten in dieses Buch aufgenommen. Aus rein filmgeschichtlicher Sicht zu erwähnen ist dabei vor allem die bisher nicht bekannte Mitarbeit Fellinis an dem Drehbuch zu dem Film *Imputato alzativi!* von Mario Mattòli und an zwei weiteren Filmen: *Bentonato, Signor Gai* (in Zusammenarbeit mit Pino Tellini) und *Sette poveri in automobile,* von denen in einer seiner früheren Filmographien die Rede ist. Es hat sich herausgestellt, daß das erstgenannte Filmprojekt niemals verwirklicht wurde und daß es sich bei dem zweiten um den 1952 von Mario Mattòli gedrehten Film *Cinque poveri in automobile* handeln muß. Auch von Fellinis Anteil an der Entstehung des Drehbuchs zum Film *I predoni del Sahara* hat man bisher nichts gewußt. Fellini hat angegeben, der Titel dieses später nicht fertiggestellten Films sei während der Dreharbeiten mehrmals geändert worden, und zwar in *I cavalieri del deserto,* in *Die letzten Tuareg* und dann später in *Le avventure del capitano Bottego.*

Filmographie

Luci del varietà (Lichter des Varieté)
Italien 1950
Regie: Alberto Lattuada und Federico Fellini; *Drehbuch:* Federico Fellini, Alberto Lattuada, Tullio Pinelli unter Mitarbeit von Ennio Flaiano; *Kamera:* Otello Martelli; *Schnitt:* Mario Bonotti; *Ausstattung:* Luciano Trasatti; *Kostüme:* Aldo Buzzi; *Musik:* Felice Lattuada; *Regieassistenz:* Angelo D'Alessandro; *Produktion:* Alberto Lattuada, Federico Fellini für Capitolium Film – Erster italienischer *Verleih:* Fincine – Freigegeben von der Zensur am 18. November 1950 – *Länge:* 100 Minuten.
Darsteller und Personen: Carla Del Poggio (Liliana »Lilly« Antonelli), Peppino De Filippo (Checco Dalmonte), Giulietta Masina (Melina Amour), Folco Lulli (Adelmo Conti), Franca Valer (ungarische Choreographin), Carlo Romano (Enzo La Rosa), John Kitzmiller (John), Silvio Bagolini (Bruno Antonini, der Journalist), Dante Maggio (Komiker Remo), Alberto Bonucci und Vittorio Caprioli (Theater-Duo), Giulio Cali (Fakir), Mario De Angelis (Lehrer), Checco Durante (Inhaber), Joe Fallotta (Bill), Giacomo Furia (Duke), Renateo Malavasi (Hotelier), Fanny Marchiò (eine Soubrette), Gina Mascetti (Valeria Del Sole), Vania Orico (Gipsy Singer), Enrico Piergentili (Melinas Vater), Marco Tulli (Zuschauer), Alberto Lattuada (Theaterdiener).
Handlung: Liliana, ein hübsches Mädchen aus der Provinz, träumt von einer großen Theaterkarriere. Sie reißt von zu Hause aus und schließt sich einer kleinen Varieté-Truppe an, die von dem »international bekannten Cabaretkünstler« Checco Dalmonte und seiner Gefährtin Melina, einer Nachahmungsspezialistin, geleitet wird. Dank Checcos Protektion, der sofort von Lilianas Anmut angezogen ist, darf das Mädchen noch am gleichen Abend in einem kleinen Provinztheater debütieren. Als sie dann während ihres Auftrittes ihr

Röckchen verliert, wird ihr heftig applaudiert. Einige Tage später werden Liliana und die gesamte Truppe in das Haus des Rechtsanwalts Enzo eingeladen, eines reichen Dorftyrannen. In der Nacht versucht der Rechtsanwalt, in Lilianas Zimmer einzudringen, doch Checco kann das verhindern. Nach einem heftigen Streit werden die Schmierenkomödianten aus dem Haus geworfen; sie kehren frierend und müde ins Dorf zurück. Checco und Liliana verlassen die Truppe und versuchen, in der Stadt ein besseres Engagement zu bekommen. Liliana erhält zwar ein Angebot für eine echte Varieté-Vorstellung, doch Checcos Eifersucht macht alles zunichte. Checco beschließt, eine eigene, große Truppe zu gründen und borgt sich das Geld dafür von Melina. Er beginnt, neue Künstler (einen schwarzen Trompeter, eine ungarische Choreographin, einen Pistolenschützen) zu engagieren. Kurz vor dem Debüt jedoch verläßt ihn Liliana und unterzeichnet einen Vertrag – ausgerechnet bei jenem Impresario, der schon solch großes Interesse an ihren hübschen Beinen gezeigt hatte. Während Liliana endlich auf einer großen Bühne auftritt, kehrt der völlig mittellose Checco zu seinen alten Gefährten und zu Melina zurück, die ihm verziehen hat. In einem Waggon dritter Klasse bricht die Truppe zu einem neuen, entlegenen Ort auf. Da betritt ein hübsches Mädchen das Abteil: Checco, der an Melinas Schulter lehnt, richtet sich auf, zupft sich die Krawatte zurecht – und die gleiche Geschichte beginnt von neuem.

Fellinis Filmdebüt weist die gleichen vertrauten und doch etwas magischen Merkmale auf, die sein ganzes öffentliches und privates Leben kennzeichnen. Fellini, ein schon bekannter Drehbuchautor, schreibt ein Drehbuch zusammen mit dem Regisseur Lattuada. Der bietet ihm an, auch an der Regie des Films mitzuarbeiten, in dem Lattuadas Ehefrau, Carla Del Poggio, und Giulietta Masina mitspielen. (Siehe hierzu Lattuadas Aussagen in der kritischen Anthologie.) Fellini nimmt das Angebot an, und so wird er Regisseur. Wie gerne würden wir nun erfahren, was Fellini empfand, als er

›Lichter des Varieté‹: Giulietta Masina und Peppino De Filippo

das erste Mal Regie führte – als Lattuada zu Beginn der Dreharbeiten zum ersten Mal »Motor«, »Aktion« sagte: Gewiß überkam Fellini einen Augenblick lang das Gefühl, er säße wieder im Kino »Fulgor«, zusammen mit einem jungen, am Anfang seiner Laufbahn stehenden Regisseur, und wohne einer Filmvorführung bei. Zum ersten Mal in seinem Leben spielte sich etwas Vertrautes und doch Phantastisches um ihn herum ab. Damit verschwand »Federico« endgültig, und an seine Stelle trat nun der »Doktor Fellini« – jener Fellini, den junge bebrillte Wissenschaftler und starrsinnige, laut-aufdringliche ausländische Journalistinnen (nach dem Modell von Geraldine Chaplin in *Nashville*) in den folgenden Jahren und Jahrzehnten mit Fragen bestürmen werden, um zu erfahren, was er unter Filmen versteht, wie er Filme macht, über Filme denkt, ob er ins Kino geht und Filme sieht (die letzte

Frage kann Fellini rasch mit der Feststellung abwimmeln, daß er nie ins Kino gehe – doch bei ihm kann man nie sicher sein, ob diese Antwort auch der Wahrheit entspricht). Fellinis Zukunft wird im Filmstudio bei den Dreharbeiten zu *Luci del varietà* geboren. Wahrscheinlich ähnelte dieser Anfang einem Traum ohne Illusionen und ohne bitteres Erwachen – einem Traum, der sich inmitten der bekannten halblauten und heiseren Stimmen der in römischer Mundart sprechenden Filmtruppe abspielt. Festzustellen, daß all das, was man einfach hingeschrieben hat, sich plötzlich tatsächlich in Aktion, Bewegung, in einen Satz verwandelt, daß die Schauspieler das Geschriebene ausführen, daß wirklich die Klappe fällt und die Maschinenbeleuchter wahrhaftig auf den Gerüsten herumklettern, als handle es sich um einen Film zum Beispiel von Blasetti – das alles muß Fellini zugleich aufgeregt und ironisch belustigt haben. In *Fare un film* hat sich Fellini dazu folgendermaßen geäußert: »Ich glaubte damals, ich sei für die Regie ungeeignet. Mir fehlte die Freude an der tyrannischen Unterdrückung, die Folgerichtigkeit, die Pedanterie, die Fähigkeit, mich abzurackern, und vor allem die Autorität – alles Eigenschaften, die meinem Temperament fremd sind. Ich war ein verschlossenes, einsames, bis zur Ohnmacht verletzbares Kind und bin noch heute sehr schüchtern, obwohl die Menschen das anders beurteilen. Wie war dies alles mit den Stiefeln, mit dem Megaphon, dem Brüllen – d. h. mit den in der Filmbranche üblichen Insignien eines Regisseurs – zu vereinbaren? Man muß sich einen Regisseur wie Christoph Kolumbus vorstellen, der versucht, eine rebellische Mannschaft in Schach zu halten, die nur danach trachtet umzukehren. Auf den Gesichtern der dich umgebenden Elektriker ist die stumme Frage zu lesen: ›Dottò, soll es denn auch heute abend wieder so spät werden?‹ Wenn man nicht wenigstens etwas Autorität ausstrahlt, wird man liebevoll, aber entschlossen aus dem Filmstudio gedrängt.« Diese wenigen, doch meisterhaften Zeilen drücken alles aus über Fellinis Beziehung zum Film – besser gesagt, über das Filmemachen in

Italien. (Trotz all unserer Zuneigung können wir uns Fellini nicht als einen Regisseur im Hollywood der fünfziger Jahre vorstellen, in dem sicher die gleichen Bedingungen wie zur Vorkriegszeit herrschten. Die Vorstellung eines Fellini, der sich mit aseptischen amerikanischen Film-»Troupes« herumschlägt, die an die Einhaltung einer starren Disziplin und einer noch starreren Zeiteinteilung gewöhnt sind, ist schier

›Lichter des Variete‹

undenkbar.) Wer allerdings Fellini auch nur kurz im Studio erlebt, bemerkt sofort, daß er sich im Laufe der Zeit eine ruhige, träge Autorität, eine einschmeichelnde diktatorische Fähigkeit angeeignet hat, mit der er Techniker und Schauspieler herumdirigiert (letztere sind häufig keine echten Schauspieler, sondern Statisten – Menschen, die Fellini wegen ihres außerordentlich ausdrucksfähigen oder außerordentlich banalen Gesichtsausdrucks aus der Menge gepickt hat). Er gibt seine Anweisungen mit dem Ausdruck eines gütigen Pfarrers, der ohne Illusionen und doch mit ruhiger Mäeutik geistig leicht zurückgebliebenen Neffen und Nichten Griechischunterricht erteilt. Fellini bewegt sich im Studio genauso, als befände er sich im Studierzimmer eines alten Pfarrhauses, inmitten altehrwürdiger Familienbücher, Fotografien aus dem Seminar, vergilbter Stiche und Tabakdosen, und die leise Stimme des ehemaligen introvertierten und doch draufgängerischen Gymnasiasten aus der Romagna hat in ihrer Mundart die korrumpierenden Einflüsse einer fast vierzigjährigen römischen Umgebung recht unbeschadet überstanden. Er hat die schlaffe Sicherheit eines routinierten Schlafwandlers, eines Steuerberaters, der seiner altgedienten Sekretärin diktiert: In dreißig Jahren hat Fellini offensichtlich sein Handwerk gelernt.

Man muß hinzufügen: Die Tatsache, daß Fellini sein Filmdebüt an der Seite des damals schon bekannten Regisseurs Lattuada (er hatte zusammen mit Baffico *La danza delle lancette* und dann allein *Giacomo l'idealista, La freccia nel fianco, Il bandito, Il delitto di Giovanni Episcopo, Senza pietà* und *Il mulino del Po* gedreht, hatte in Architektur promoviert und gemeinsam mit anderen Freunden die italienische Kinothek in Mailand gegründet und einiges geschrieben, das von Geschmack und Bildung zeugte) gegeben hat, verleiht dem Ganzen noch einen besonderen Akzent. Die barocke, alltägliche und träumende Sensualität des Mannes aus der Romagna geht eine glückliche Verbindung ein mit dem allem Anschein nach klaren und dennoch außergewöhnlich kontrollierten (oder unkontrollierten) Empfindungsvermögen des Lombarden. Beide sind von größter Pedanterie bei ihrer Arbeit. Diese Eigenschaft wird bei Fellini durch die Improvisation kaschiert, während Lattuada sich offenkundig zu seinen technischen und technologischen Ursprüngen bekennt. Selbst das Thema dieses Films – diese Truppe von Schmierenkomödianten, die das »mindere Italien« durchstreifen und deren Leben von vielen kleinen Dramen erfüllt ist – scheint für beide Regisseure eine Entdeckung zu sein. Im Lauf der Jahre zeigt sich, daß der von Lattuada bevorzugte Frauentyp sich immer mehr dem der »Varieté-Heldinnen« angleicht: glatte, rundliche Mädchen, beunruhigend und naiv maliziös. Fellini seinerseits wird, wann immer sich die Gelegenheit bietet, Reminiszenzen und Ausschnitte aus der Welt des Varietés in seine Filme einbauen. Erinnern wir uns an die Truppe in *I vitelloni* mit ihrem zwielichtigen Komiker, ihren müden und dennoch freundschaftlich verfügbaren Tänzerinnen. Vergessen wir auch nicht das volkstümliche und typisch römische Stück in *Roma,* das in seiner Art ein Klassiker geworden ist. Diese Entwicklung beginnt mit dem Film *Luci del varietà,* in dem im Vorspann wie im Drehbuch schon all jene Namen genannt sind, die jahrelang in allen Fellini-Filmen erscheinen: Es sind Pinelli und Flaiano, Martelli als Aufnahmedirektor und Luciano Trasatti, der hier noch Filmtechniker ist. Die Besetzung zeigt außerdem fast alle bekannten Symbole jener Zeit, nicht nur bei den Darstellern, sondern auch in den Nebenrollen. Hier finden wir Namen wie John Kitzmiller, Dante Maggio, Caprioli und Bonucci, Cali, Bagolini, Checco Durante und Fanny Marchiò … *(c.g.f.)*

Kritik: »… *Luci del varietà* (…) schöpft seine Inspiration aus der Welt des Revue-Theaters, die andererseits auch seine Ausdrucksmöglichkeiten eingrenzt. Der Film erzählt flüssig, intelligent und mit geglückter Schärfe und bitterem Humor von dem wahren Leben hinter den Kulissen der kleinen Theater. Er beschreibt den täglichen und wahrhaft heldenhaften Kampf des Schauspieler-Direktors, der Soubretten, der Exzentriker, der Nachahmungskünstler und all jener unzähligen Chargen, die sich am Rande des Varieté-Theaters tummeln. Trotz einiger Längen (z. B. bei der Episode, in der Franca Valeri auftritt ...) zeigen die Regisseure eine glückliche Hand im Ablauf und im Tempo der Erzählung, das sich ausdrucksvoll dem Milieu anpaßt, das scharfsinnig und mit viel psychologischem Einfühlungsvermögen geschildert wird ...«

Tullio Cicciarelli, Il Lavoro Nuovo, Genua, 7. Dezember 1950

Lo sceicco bianco

(Der weiße Scheich/Bittere Liebe)

Italien 1950

Regie: Federico Fellini; *Drehbuch:* Federico Fellini, Tullio Pinelli unter Mitarbeit von Ennio Flaiano; *Kamera:* Arturo Gallea und Antonio Belviso; *Schnitt:* Rolando Benedetti; *Ausstattung:* Raffaello Tolfo; *Musik:* Nino Rota; *Regieassistenz:* Stefano Ubezio; *Produktion:* Luigi Rovere für P.D.C. – O.F.I.; *Verleih:* P.D.C. – Freigegeben von der Zensur am 7. April 1952 – *Länge:* 85 Minuten.

Darsteller und Personen: Alberto Sordi (Fernando Rivoli, »lo sceicco bianco«), Brunella Bovo (Wanda Giardino in Cavalli), Leopoldo Trieste (Ivan Cavalli), Giulietta Masina (Cabiria), Lilia Landi (Felga), Ernesto Almirante (der Regisseur), Fanny Marchiò (Marilena Vellardi), Gina Mascetti (die Ehefrau des »sceicco bianco«), Enzo Maggio (Hotelportier), Ettore M. Margadonna (Ivans Onkel), Jole Silvani, Anna Primula, Nino Billi, Armando Libianchi, Ugo Attanasio, Elettra Zago, Giulio Moreschi, Piero Antonucci, der Komiker Aroldino, Giorgio Savioni, Antonio Acqua, Carlo Mazzoni, Rino Leandri, Guglielmo Leoncini.

Handlung: Im Heiligen Jahr fährt ein frisch verheiratetes, junges Ehepaar zur Hochzeitsreise nach Rom mit einem sehr dichten Besuchsprogramm: vom Verwandtenbesuch bis zu den pflichtschuldigst zu bestaunenden Sehenswürdigkeiten. Während der pedantisch genaue Ivan stur das geplante Programm abspult, benutzt Wanda die erste sich bietende Gele-

›Der weiße Scheich/Bittere Liebe‹: Brunella Bovo und Alberto Sordi

genheit, um auszureißen. Sie macht sich auf die Suche nach dem »Weißen Scheich«, dem von ihr vergötterten Helden einer Bildromanserie, die in Fortsetzungen in einer weitverbreiteten Zeitschrift erscheint. In der Zeitungsredaktion erfährt sie, daß der »Scheich« am Strand von Fregene dreht. Von dem Wunsch besessen, diese phantastische Welt ihrer Träume kennenzulernen, begleitet Wanda die Truppe zum Drehort. Ivan, der das Verschwinden seiner Frau mittlerweile bemerkt hat, sucht sie verzweifelt in der ganzen Stadt. Wanda gerät in eine Reihe mißlicher Abenteuer und muß allmählich entdecken, daß die romantischen Figuren der Bildromane, vor allem aber ihr Held, in der Wirklichkeit ganz anders sind als in ihren Träumen. In dem Bestreben, den Verwandten das Verschwinden seiner Ehefrau zu verheimlichen, verstrickt sich Ivan immer mehr in Lügen. Von ihrem Abenteuer in der Welt der Bildromane enttäuscht, unternimmt Wanda einen lächerlichen Selbstmordversuch, indem sie sich in den Tiber stürzt. Sie wird gerettet und in das Hotel, in die Arme des Ehemannes zurückgebracht. Ivan verschiebt jede Erklärung und Aussprache auf später: Nun müssen die beiden Jungver-

mählten schnellstens zum Petersplatz, wo Verwandte sie zu einem gemeinsamen Besuch beim Papst erwarten.
Inzwischen ist der Film fast zu einem kleinen Kultobjekt geworden. (Man könnte sogar von einem »verkehrten«, von einem heimlichen Kultfilm sprechen. Man zollt ihm nicht die Achtung, die man *Casablanca* entgegenbringt – von ihm spricht man vielmehr mit einem leichten Augenzwinkern, als handle es sich um eine zwar schon etwas verwischte, doch unersetzliche Kindheitserinnerung.) Bei seinem Erscheinen hingegen nahm man den Film zwar mit Sympathie, aber auch mit Vorbehalt auf. Um zu verstehen, was ich meine, muß man nur das, was damals der Kritiker Lanocita schrieb, mit dem vergleichen, was zum Beispiel vier Jahre später Geneviève Agel mit französischem Überschwang zum Ausdruck brachte. Es ist der erste Film, für den Fellini ganz allein verantwortlich ist. Bezeichnenderweise wählte er hierfür ein Thema, das ihm – wie das Milieu der Schmierenkomödie – in all seinen Einzelheiten vertraut war: die Welt der Bildromane, und zwar der Bildromane aus einer Zeit, da sie noch nicht in Studienprojekten von Professoren und in aufwendigen, anspruchsvollen internationalen Seminaren analysiert wurden. Fellini sah sich bei dieser Gelegenheit mit all den Zweifeln, all den Fragen konfrontiert, die ich schon bei der Besprechung von *Luci del varietà* zitiert habe, er mußte sie endgültig lösen und allein damit ein für allemal fertig werden.
Was die näheren Einzelheiten zu der privaten wie auch öffentlichen Entstehungsgeschichte des Filmes *Lo sceicco bianco* betrifft, so verweise ich auf das Interview *Fare un film.* Hier sei nur daran erinnert, daß man ursprünglich an ein Drehbuch für den Regisseur Antoniono dachte, der kurz zuvor einen Dokumentarfilm über die Weltbildromane mit dem etwas prätentiösen Titel *L'amorosa menzogna* (Die Liebeslüge) gedreht hatte. Im Gespräch mit Pinelli entwickelte Fellini die Gestalten der Jungvermählten, die Hochzeitsreise, die Flucht der Ehefrau mit dem Ziel, ihren Lieblings-Comic-Helden kennenzulernen. Allmählich – und anders als

ursprünglich beabsichtigt – entstand somit eine ironische und belustigte Erzählung. Die immer komplexer werdende Handlung des Drehbuchs veranlaßte den Produzenten Luigi Rovere, Fellini zu drängen, die Regie selbst zu übernehmen. Der erste Drehtag war eine Katastrophe und schien alle Zweifel zu bestätigen, die Fellini hinsichtlich seiner Eignung als Regisseur hegte. Das Publikum reagierte mit Betroffenheit und Lob auf den Film, der sich nicht in die gängigen Schablonen jener Zeit pressen ließ. Es wurde ihm vorgeworfen, der Handlungsablauf sei zu langsam, es werde zuviel gesprochen, der Film sei zu verträumt, zu ironisch usw. Hinzu kam noch, daß man den Schauspieler Sordi ablehnte. Publikum und Kritik mußten sich erst an sein wandlungsfähiges, leicht

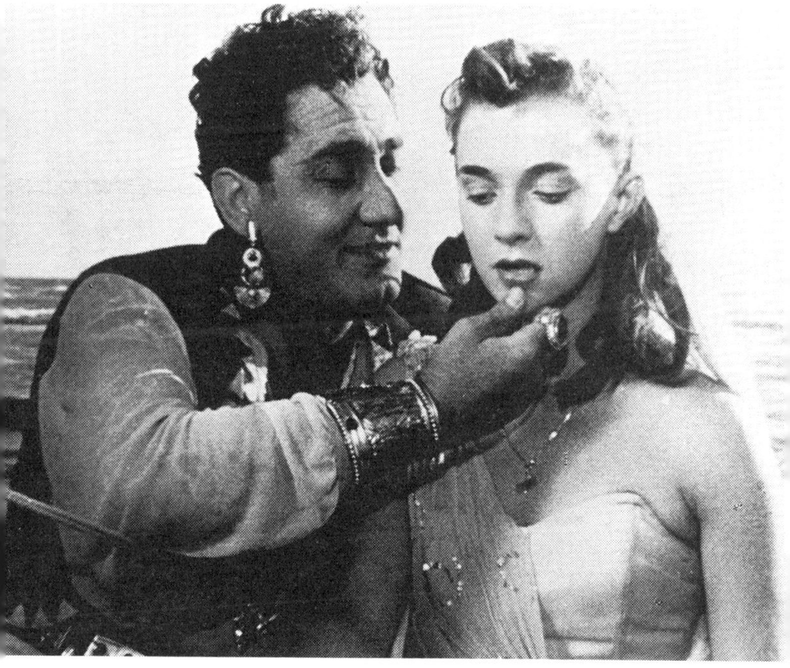

›Der weiße Scheich/Bittere Liebe‹

verstört wirkendes Mondgesicht, an seine absichtsvolle, echt römische Ironie, an jene Mischung von Feigheit und plötzlicher, bewußt unglaubwürdiger Selbstironie gewöhnen, an jene Aura von Selbstzerstörung, die seine charakteristischsten Darstellungen kennzeichnet. Aus all diesen Gründen ist *Lo sceicco bianco* ein unwiederholbares Stück Filmgeschichte, das aus seiner Zeit heraus schon zahlreiche Hinweise auf die Zukunft enthält. So sind hier einige Personen beteiligt, die wir aus späteren Fellini-Filmen kennen: Nino Rota etwa, der die Musik komponierte, und Leopoldo Trieste, der Darsteller des Ivan. Man kann sogar sagen, daß Leo-

›Der weiße Scheich/Bittere Liebe‹

poldo Trieste fast eine filmische »Erfindung« Fellinis ist und seit jenen Tagen zu seinen besten Freunden zählte. Trieste nämlich war kein Schauspieler, sondern ein vielversprechender Theaterschriftsteller, der auch schon einige Drehbücher (für *Preludio d'amore, Gioventù perduta, Il cielo è rosso* usw.) verfaßt hatte. Die Darstellung des verwirrten Ehemannes in *Lo sceicco bianco* verhalf ihm zu einer abenteuerlichen und recht abwechslungsreichen Filmkarriere, so daß wir ihn bald als einen der blassesten, bald als einen der überzeugendsten Charakterdarsteller des italienischen Films bezeichnen können. *(c.g.f.)*

Kritik: »... Ein Film voller humorvoller Einfälle. Obwohl es sich um eine leicht verständliche und recht alltägliche Komik handelt, ist das Werk nur teilweise gelungen. Die Wirkung wird nicht durch den Film in seiner Gesamtheit, sondern durch Details und Randanmerkungen erzielt. (...) Ein ausgezeichnetes Drehbuch. (...) Das Handlungskonzept ist allerdings weniger geglückt. Falls Fellini – was wir annehmen möchten – die Absicht hatte, die Hirngespinste eines verrückten Mädchens zu erforschen, so ist ihm dies nur oberflächlich gelungen – ohne Vertiefung der Sache. Darum ist der beste Teil des Films nicht der, in dem die Flucht der frischgebackenen Ehefrau gezeigt wird, sondern der, in dem die Unruhe und die Ängste des verlassenen Ehemannes geschildert werden. Zumindest ist dies der vergnüglichste Teil. (...) Die Schwäche des Filmes liegt in dem merkwürdig langsamen Tempo der Erzählung. Man hat den Eindruck, als seien Regie und Darsteller befangen. Die Schauspieler werden außerdem zuviel sich selbst überlassen, es fehlt die führende Hand.«

Arturo Lanocita, Corriere della Sera, Mailand, 7. September 1952

»... *Lo sceicco bianco* gibt sich als ein lyrisches Epos über das Leben. Es wird durch eine barocke Fülle der Ausdrucksweise gekennzeichnet: wilde Bewegung, Durcheinander, Desorientierung, Situationen und Personen werden bis zum Äußersten getrieben. Zweifelsohne ist das Fellinis zwanglosester Film. Zwar entbehrt er nicht einer inneren Folgerichtigkeit, doch das rasche Tempo, die Vielfalt der Handlung hindern den Zuschauer daran, im Augenblick nachzudenken. (...) Zwar wohnen wir einer tragikomischen Geschichte bei, doch das Tragische wird uns erst bewußt, nachdem wir das barocke Lächeln (im Sinne des ›Malerisch-Spöttischen‹), das über dem ganzen Werk liegt, voll ausgekostet haben.«

Geneviève Agel, Les chemins de Fellini, Editions du Cerf, Paris, 1956, S. 30

I vitelloni (Die Müßiggänger)
Italien/Frankreich 1953
Regie: Federico Fellini; *Drehbuch:* Federico Fellini, Ennio Flaiano, nach einer Idee von Tullio Pinelli; *Kamera:* Otello Martelli, Luciano Trasatti, Carlo Carlini; *Schnitt:* Rolando Benedetti; *Ausstattung:* Roberto Girardi, Franco Villa; *Kostüme:* M. Marinari Bomarzi; *Musik:* Nino Rota; *Produktion:* Luigi Giacosi für Peg Film (Rom)/Cité Film (Paris) – Erster italienischer *Verleih:* ENIC – Freigegeben von den Zensur am 17. September 1953 – *Länge:* 103 Minuten.
Darsteller und Personen: Franco Interlenghi (Moraldo), Alberto Sordi (Alberto), Franco Fabrizi (Fausto), Leopoldo Trieste (Leopoldo), Riccardo Fellini (Ricardo), Eleonora Ruffo (Sandra), Jean Brochard (Faustos Vater), Claude Farell (Albertos Schwester), Carlo Romano (Michele, der Antiquar), Lida Baarova (Giulia, Micheles Ehefrau), Enrico Veasisio und Paola Borboni (Moraldos Eltern), Arlette Sauvage (die Unbekannte), Vira Silenti (die Chinesin), Maja Nipora (die Soubrette), Achille Majeroni (Schauspieldirektor), Silvio Bagolini (der Idiot), Giovanna Galli, Franca Gandolfi, Gondrano Trucchi, Guido Martufi, Milvia Chianelli, Gustavo De Nardo, Graziella De Roc.
Handlung: In einem Städtchen an der Romagnolischen Adria geht der Sommer zu Ende. Ein Regenschauer unterbricht das

›Die Müßiggänger‹: Der Schöne im weißen Jackett ist Alberto Sordi

Fest, bei dem Riccardo endlich die Gelegenheit hatte, als Sänger aufzutreten. Im darauffolgenden Durcheinander entdeckt man, daß Sandra, Moraldos Schwester, ein Kind von Fausto erwartet. Die Eltern finden sich mit der »Mußheirat«

ab. Allmählich versinkt die Stadt wieder in ihren grauen provinziellen Winterschlaf. Obwohl sie keine Jugendlichen mehr sind, verbringen Faustos Freunde ihre Tage im Müßiggang. Sie lassen sich von ihren Familien aushalten, treiben sich in den Cafés herum und schwelgen in kindlichen Scherzen. Die *Vitelloni* (»Taugenichtse«) sind: Alberto, der Clown mit dem runden Kindergesicht; Leopoldo, der unerreichbaren literarischen Erfolgen nachhängt; Riccardo, der Faulenzer, und Moraldo, der sensible Jüngste, der die Hoffnung nicht aufgibt, aus dieser Welt ausbrechen und sich nach Rom absetzen zu können. Von der Hochzeitsreise zurückgekehrt, muß Fausto die Stelle eines Verkäufers im Devotionaliengeschäft annehmen, das einem Freund seines Schwiegervaters gehört. Der eitle und oberflächliche Fausto bandelt mit der Ehefrau seines Arbeitgebers an. Er wird entdeckt, und Sandra verläßt mit dem Töchterchen die eheliche Wohnung. Alle Freunde helfen Fausto und Moraldo, Sandra zu suchen. Endlich finden sie sie bei Faustos Vater, der den Sohn zur Strafe kräftig mit seinem Gürtel schlägt. Die *Vitelloni* nehmen ihr gewohntes Leben wieder auf, als wäre nichts geschehen. Fausto läuft weiter den Revue-Tänzerinnen nach; Leopoldo erlebt eine herbe Enttäuschung mit einem zwielichtigen Theaterdirektor; von einem Faschingsball zurückkehrend, bei dem er als Frau verkleidet erschienen war, entdeckt Alberto, daß seine Schwester gerade mit einem verheirateten Mann durchbrennt. Nur Moraldo findet endlich die Kraft, in einen Zug zu steigen und mit der Vergangenheit endlich Schluß zu machen. Er hat niemandem etwas von seinem Entschluß erzählt. Während der Zug sich entfernt, sieht er noch einmal im Geiste seine Freunde: Sie schlafen, und ihr Gesichtsausdruck, ihre Haltung zeigen deutlich, daß sich für sie nichts verändert hat, daß sich niemals etwas verändern wird.

Mit diesem Film erfand Fellini einen Neologismus (oder machte ihn geläufig, was auf das gleiche herauskommt), der seinen Platz im geläufigen Sprachgebrauch behauptet hat. Er setzte außerdem die Mitwirkung des Schauspielers Alberto

Sordi durch, den die Verleihbranche kräftig ablehnte (Fellini selbst erinnerte sich, daß, als man endlich eine Verleihfirma für den Film gefunden hatte, diese ihn zwang, den Namen des Schauspielers auf den ersten Kopien zu löschen. »Er vertreibt die Leute« – wurde behauptet – »er ist unsympathisch, und das Publikum lehnt ihn ab«). Am wichtigsten war jedoch, daß dieser Film Fellinis wahre Persönlichkeit offenbarte: die Persönlichkeit eines großen Erzählers der Dekadenz, der hier als ironischer Schilderer auftritt. Wie in Viganòs Fellini-Anthologie nachzulesen ist, wurde dem Film viel Lob zuteil. Man

Lida Baarova, die im Dritten Reich ein Star von Goebbels' Gnaden war, in ›Die Müßiggänger‹

sprach von einem jungen Regisseur mit sicheren Zukunftschancen – mit intelligenten Seiten, von der zweiten Probe eines jungen Regisseurs, dessen Können sich hier voll bestätigt; von einem Künstler, der aus der Spitzengruppe der jungen Regisseure des italienischen Nachkriegsfilms herausragt; von einer launigen Bestätigung seiner zerstreuten und zugleich bissigen Art, die Sitten zu geißeln. Obwohl der Film beim Filmfestival in Venedig Lob und Beifall erntete, hat man ihn wahrscheinlich nicht in seiner ganzen Genialität erfaßt, die in der fast magischen Fähigkeit besteht, die autobiographische Vorgabe – durch die die einzelnen Episoden verbunden werden – mit der großartigen, absichtsvollen Fabel zu verschmelzen. So entstand das Bild einer trägen und verschlafenen, listigen und unbeweglichen Provinzstadt, die sämtliche Eigenschaften aller möglichen europäischen und neolateinischen »calles mayores« in sich zu vereinen scheint. Zudem brachte der Film für einige Schauspieler, vor allem für Sordi, die endgültige Anerkennung. Er hatte allerdings auch zur Folge, daß einige, wie zum Beispiel Franco Fabrizi, in ein Rollenklischee gepreßt wurden, das sich in den folgenden Jahren unablässig wiederholte. Die Schwierigkeiten und Wechselfälle, die Fellini erlebte, um den Film bei einem Verleih unterzubringen, muten fast an wie ein außerordentlicher Anhang zu Moraldos Träumen: »Keine Verleihfirma wollte den Film haben«, erzählt Fellini, »wir haben uns die Füße wundgelaufen und förmlich gebettelt, den Film in den Verleih zu nehmen. Ich kann mich an einige völlig irre Vorführungen erinnern, an deren Ende mir die Anwesenden scheele Blicke zuwarfen und dem Produzenten Pegoraro mitleidig die Hand drückten – da herrschte eine Stimmung wie nach einer Überschwemmung im Po-Delta.« Trotzdem galt der Film schon nach wenigen Jahren als ein Klassiker. Ich erinnere mich, daß ich 1957 in Cannes, gleich nach dem Filmfestival, den Film in einem kleinen örtlichen Filmclub gesehen habe. Wie in allen Provinzfilmclubs setzte sich das Publikum offensichtlich aus Rechtsanwälten nebst Gemahlinnen und Damen mit Ehemännern im Schlepptau zusammen, für die der wöchentliche Ausflug in die Kultur einer Pflichtübung gleichkam. Doch sie schienen der Sache nicht zu trauen. Außerdem waren da noch einige würdevoll verschlafene Händler und einzelne, verloren wirkende, aber dafür informierte Studenten. Vor einem solchen Publikum, das ihm – wie in solchen Fällen üblich – gequält, aber verbissen zuhörte, erläuterte André Bazin den Film und besprach ihn mit matter Leidenschaft. Selbstverständlich bedeutet Synchronisierung für jeden Film, gleich welcher Herkunft, eine Einbuße. Und so hatten auch die *Vitelloni* vieles von ihrer ursprünglichen Glaubwürdigkeit verloren. Trotzdem war der Film sehr schön, und es fiel mir auf, daß er, nur wenige Jahre nach seiner Entstehung, auf dem besten Weg war, zu einem Mythos zu werden: zu einem Kultfilm, zu einem Code, der es ermöglicht, die italienische Wirklichkeit zu entschlüsseln, und zu vielem mehr. Wahrscheinlich hatte das Cannes der fünfziger Jahre auch seine *Vitelloni,* die sicher ganz anders waren als diejenigen Fellinis und ihnen dennoch glichen. Ich kann mich allerdings nicht daran erinnern, daß dies nach der Filmvorführung, in der abschließenden Diskussion, zur Sprache kam. *(c.g.f.)*

Kritik: »An diesem originellen Film ist vor allem die Stimmung wichtig – eine menschliche und poetische Stimmung, die sich aus der Enge des Milieus und der Provinz befreit. (...) Man kann ohne weiteres davon ausgehen, daß es Fellini nicht an scharfer Beobachtungsgabe mangelt und daß er ein Künstler ist, der sich von den anderen Jungregisseuren der Spitzengruppe des italienischen Nachkriegsfilmes unterscheidet. Er hat eine glückliche Hand und ist sicher nahe daran, uns ein Werk zu schenken, das keinerlei Unsicherheiten enthält und sich von der ersten bis zur letzten Einstellung folgerichtig entwickelt ...«

Francesco Càllari, Gazetta del lunedi, Genua, 31. August 1953

»Der Beifall in Venedig hat nicht nur den Erfolg des Filmes *I vitelloni* besiegelt, sondern auch und vor allem die Persönlichkeit eines Regisseurs gewürdigt, der sichere Zukunftschancen hat. (...) Wir müssen auch anerkennen, daß Fellini diesen Erfolg auf einem schwierigen und unbequemen Weg erreicht hat. Tatsächlich sind die *Vitelloni* ein Film, dessen Handlung nicht durch ein tragfähiges Gerüst zusammengehalten wird, sondern eine verworrene Geschichte, die durch die mehrschichtige Aneinanderreihung von Episoden und Einzelheiten nach Einheit strebt. (...) Das Fehlen einer in sich stimmigen, organischen Erzählung, die sich um starke Leidenschaften und starke Situationen rankt, bremst zuweilen die Inspiration, führt zu einer gewissen stilistischen und geschmacklichen Unsicherheit, ja sogar zu Entgleisungen und Ermüdungen. Offenheit und Authentizität, die den ganzen Film durchdringen, machen allerdings diese Mängel wieder wett. Selbst jene Scheu, die Dinge zu dramatisieren, die man Fellini bisweilen vorwirft, erscheint mir als lobenswerte Eigenschaft – unlösbar verbunden mit seiner schriftstellerischen und künstlerischen Persönlichkeit ...«

Ermanno Contini, Il Secolo XIX, Genua, 28. August 1953

L'amore in città
(Liebe in der Stadt)
Italien 1953
IV. Episode: Agenzia matrimoniale (»Eheinstitut«)
(Lo spettatore Nr. 1)
Filmrevue geleitet von Cesare Zavattini, Riccardo Ghione und Marco Ferreri.
Regie: Federico Fellini; *Drehbuch:* Federico Fellini, Tullio Pinelli; *Kamera:* Gianni Di Venanzo; *Schnitt:* Eraldo da Roma; *Ausstattung:* Giovanni Checchi; *Musik:* Mario Nascimbene; *Regieassistenz:* Luigi Vanzi; *Produktion:* Cesare Zavattini für Faro Film – Erster italienischer *Verleih:* D.C.N. – Freigegeben von der Zensur am 13. November 1953.
Darsteller und Personen: Antonio Cifariello (ein Journalist) und Laienschauspieler.

Die anderen Episoden des Films sind: »Liebe, für die man zahlt« von Carlo Lizzani; »Paradies für vier Stunden« von Dino Risi; »Selbstmordversuch« von Michelangelo Antonioni; »Die Geschichte der Catharina« von Francesco Maselli und Cesare Zavattini; »Die Italiener drehen sich um« von Alberto Lattuada.

Handlung: Ein junger skeptischer und gleichgültiger Journalist erhält den Auftrag, einen Bericht über Heiratsvermittlungen zu schreiben. Um seinem Artikel etwas mehr Würze zu verleihen, gibt er sich als Kunde aus, der eine Frau für einen reichen Jugendfreund sucht. Er gibt vor, dieser Freund sei Epileptiker und müsse auf dem Land wohnen, weil er sich in den Vollmondnächten in einen Werwolf verwandle. Er ist sehr verblüfft, als ihm die Verantwortlichen eines Heiratsinstituts ein junges Mädchen vorstellen, das bereit ist, die Ehe mit einem solchen Menschen einzugehen. Dem sanften, zärtlichen und naiven jungen Mädchen gelingt es, den Journalisten zu verwirren und aus seiner skeptischen Interesselosigkeit aufzurütteln.

Sicher einer der weniger bekannten Filme Fellinis, da er nur eine Episode in einem Gemeinschaftsfilm bildete. Der äußerst interessante Film wurde nur kurz gezeigt und erschien dann später beiläufig im Programm einer privaten Fernsehanstalt. Die nachdenklicheren Rezensionen heben die Merkmale der geheimen Ironie hervor, die Fellini, der in allem das Gegenteil des Dokumentarfilmregisseurs im klassischen Sinne des Wortes ist, in die von ihm gestaltete Episode hat einfließen lassen. So schreibt Rondi: »Dieser farblose Journalist ist gleichsam die Karikatur eines Dokumentarfilmregisseurs« (dann also wäre das eine Satire über den Regisseur des »cinema-verità«). Diese Episode und einige wenige »Fragmente« von Fellini lassen uns fast bedauern, daß der Regisseur nicht häufiger Gelegenheit hatte, sich an die filmische Kurznovelle zu wagen. Das eigentliche Talent des Regisseurs ist das des Feuilletonisten, der dann durch seine Phantasie zum Gigantismus verleitet wurde. Es wäre schön, sich Fellinis Karriere als eine Reihe unzähliger, kurzer »Sketche« vorzustellen – mit romanhaften Zügen in ihrem Aufbau und in ihrer Gestaltung. Mit *La dolce vita* hat er etwas sehr Ähnliches erreicht. Wir werden an gegebener Stelle darauf zurückkommen. *(c.g.f.)*

Kritik: »Es ist offensichtlich, daß Fellini die Episode als eine geheime Polemik gegen Zavattanis Vorliebe für Untersuchungen geschrieben und gestaltet hat. Dieser farblose Journalist, dieser modische und etwas dümmliche junge Mann, der die Wahrheit für eigene Zwecke mißbraucht, ist selbst die Karikatur eines Dokumentarfilmregisseurs (Satire gegenüber dem Regisseur des ›cinema-verità‹). Die Wirklichkeit, d. h. die menschliche Dimension erweist sich als so vielschichtig und gewährt Einblick in schmerzliche, unerwartete Gefühlstiefen, daß der Held letztlich in die Ereignisse hineingezogen und von ihnen überrollt wird ...«

Brunello Rondi, »Il cinema di Fellini«,
Edizioni di Bianco e Nero, Rom, 1965, S. 126–127

La strada (La Strada)

Italien 1954

Regie: Federico Fellini; *Drehbuch:* Federico Fellini, Tullio Pinelli, in Zusammenarbeit mit Ennio Flaiano; *Kamera:* Otello Martelli; *Schnitt:* Leo Catozzo; *Ausstattung:* Roberto Tirardi und Mario Ravasco; *Kostüme:* Margherita Marinari; *Musik:* Nino Rota, Leitung Franco Ferrara; *Regieassistenz:* Moraldo Rosse und Paolo Nuzzi; *Produktion:* Dino de Laurentiis, Carlo Ponti – Erster italienischer *Verleih:* Paramount – Von der Zensur freigegeben am 18. September 1954 – *Länge:* 94 Minuten.

Darsteller und Personen: Giulietta Masina (Gelsomina Di Costanzo), Anthony Quinn (Zampanò), Richard Basehart (Matto), Aldo Silvani (Herr Giraffa), Marcella Royere (die Witwe), Livia Venturini (die Nonne), Mario Passante, Yami Kamedeva, Anna Primula.

Giulietta Masina in der Rolle der Gelsomina mit Anthony Quinn, der den Zampanò spielt: ›La Strada‹

Handlung: Der Zigeuner Zampanò tritt auf den Marktplätzen und Jahrmärkten als Schwertschlucker, Kraftmeier und Feuerschlucker auf. Für 10.000 Lire kauft der primitive, gewalttätige Mann einer armen, kinderreichen Bäuerin die Tochter Gelsomina ab. Die naive und unwissende, doch sensible Gelsomina soll ihn bei seinen Darbietungen unterstützen. Sie ziehen zusammen als Wanderschauspieler durch das Land. Gelsomina wird Zampanòs Geliebte. Der Mann behandelt sie wie einen Gegenstand, mißhandelt sie und betrügt sie mit alten Prostituierten. Als Gelsomina versucht zu fliehen, fängt Zampanò sie wieder ein. Sie schließen sich einem Zirkus an. Dort treffen sie auf Matto, einen Gleichge-

Giulietta Masina in ›La Strada‹

wichtskünstler, der wie sie zum fahrenden Volk gehört. Mattos verschrobene Güte fasziniert Gelsomina. Das wiederum ärgert Zampanò, der einen Streit mit Matto vom Zaun bricht, ihn, wahrscheinlich ohne es zu wollen, umbringt und die Leiche unter einem Bahndamm versteckt. Gelsomina ver-

liert den Verstand: Tag und Nacht verfolgt sie die Erinnerung an den sterbenden Matto. Ihrer und ihres Schweigens überdrüssig, läßt Zampanò sie allein am Straßenrand zurück und setzt allein sein Wanderleben fort. Doch wird er die Furcht nicht los, man könne ihn eines Tages festnehmen. Jahre später erfährt er zufällig von Gelsominas Tod. Zampanò macht sich wieder auf den Weg, doch am Meeresufer angelangt, wird er sich seiner Einsamkeit bewußt und bricht, von wildem, fürchterlichem Schluchzen geschüttelt, zusammen.
Zweifellos war *La Strada* der Film, mit dem Fellini sich auch im Ausland endgültig einen Namen machte. Überhaupt scheint für uns Italiener das Ausland etwas überaus Wichtiges

›*La Strada*‹

zu sein, dessen Meinung mehr zählt als die eigene. Jahrelang galt die Parole: »Was wird bloß das Ausland dazu sagen?« Und ein sehr bezeichnendes Bonmot Sordis lautet: »Wir machen das so, daß das Ausland es nicht merkt.« Die Pariser standen geduldig Schlange, um *La Strada* – man sprach es französisch aus und würdigte es damit fast als eigenes Werk – zu sehen. Der Film erschien ihnen poetisch, italienisch, phantastisch, unlogisch und rührend, genauso, wie man sich ein italienisches Werk vorstellte. Ebenso interessant wie der Film selbst war seine Entstehungsgeschichte. Ich meine übrigens, daß dies bei allen Fellini-Filmen so ist. Er selbst ist es, der diese Entstehungsgeschichte erzählt, und zwar so, als drehe er wieder einen nur aufs Wort und seine Mimik aufgebauten weiteren Film: einen Film reich an spöttischen Anmerkungen, scharfen Anspielungen auf abgetakelte, unausstehliche Darsteller, auf Produzenten, die nichts verstehen, dumme, doch bedrohliche Verleiher, voller nebensächlicher, aber hinreißender Begebenheiten. Zu *La Strada* gibt Fellini folgende Einleitung: »Anfangs war *La Strada* nur eine unbestimmte Empfindung, ein schwebender Ton, der in mir das Gefühl unendlicher Traurigkeit weckte. Es war der Schatten eines undefinierbaren und verzehrenden Schuldgefühls, das sich aus Erinnerungen und Vorahnungen zusammensetzte. Meine Empfindungen führten mir lebhaft die Reise zweier Geschöpfe vor Augen, die unauflöslich miteinander verbunden sind, ohne zu wissen warum. Die Geschichte entstand ganz einfach: Die Figuren schienen ganz spontan Gestalt anzunehmen und andere Figuren nach sich zu ziehen. Es war, als sei dieser Film schon seit langem gedreht und harre nur noch auf seiner Wiederentdeckung. Wer half mir, diesen Film wiederzufinden? Das war, so meine ich, vor allem Giulietta. Lange schon wollte ich einen auf Giulietta zugeschnittenen Film gestalten. Ich glaube, sie ist eine Schauspielerin, die die außergewöhnliche Gabe hat, das Erstaunen, die Ängste, die ausgelassene Freude und die komischen Verdüsterungen eines Clowns spontan auszudrücken. (...) So erhielt die Gestalt

›La Strada‹

Gelsominas die Konturen eines Clowns, und sogleich erschien neben ihr, als Kontrast, ein vierschrötiger, schwerer und finsterer Schatten: Zampanò – und natürlich die Straße, der Zirkus mit seinen bunten Fetzen, mit seiner zugleich aggressiven und herzzerreißenden Musik, mit all den Merkmalen eines grausamen Märchens. (…) Als ich dann Pinelli zum ersten Mal und noch ziemlich verworren vortrug, wie ich mir den Film vorstellte, bekam er rote Ohren vor Erregung. Sogleich erzählte er mir, auch er habe im Sommerurlaub, als er zu Pferde seine riesigen Besitzungen in der Toskana durchstreifte, von Geschichten fahrender Leute geträumt, die staubige Straßen und uralte Dörfer durchziehen – von einem pittoresken Zigeuner- und Gauklermärchen also. Einen ganzen

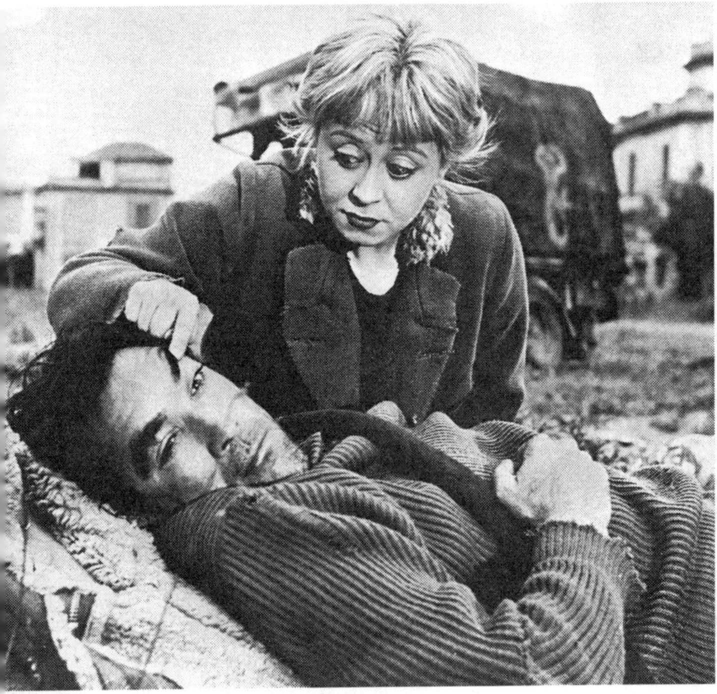

Anthony Quinn und Giulietta Masina in ›La Strada‹

Nachmittag lang ereiferten wir uns über das Thema. Es war, als würden Gelsomina und Zampanò selbst die Geschichte ihres Vagabundierens, ihrer Begegnungen, ihres Lebens erzählen.« Fellinis Worte verdeutlichen, daß der Film vor allem ein riesiger, gewaltiger Traum ist, in dem sich die natürliche Poesie des »terrain vague« ausdrückt (des Niemandslandes), der staubigen Straße, der phantastischen farbigen Fetzen, allein inmitten einer trägen, feindlichen Landschaft. Die pittoreske Komponente von Fellinis Phantasie findet hier ihre volle Entfaltungsmöglichkeit. Sicher war es Fellinis Hang zum Schelmenroman, der die französische Kritik und das Publikum am meisten begeisterte. Man muß nur lesen, was Dominique Aubier dazu schrieb: »Ein Film wie *La Strada* gehört in die Kategorie der mythologischen Werke, die den Kritikern eher als dem Publikum ein umfassendes und feinsinniges Mühen um Konsens abverlangen. (...) Es ist ein Werk, das bei dem Autor nicht nur die Genialität des Ausdrucks voraussetzt, sondern auch die vollkommene Kenntnis bestimmter geistiger Probleme und eine profunde Reflexion über eben

»Alles, was ich habe, trage ich bei mir« – Giulietta Masina und Anthony Quinn in ›La Strada‹

diese Probleme. (...) Dieser Film handelt von etwas Heiligem, womit ich weder etwas Religiöses noch die Religion an sich meine ...« Der ironische, verträumte, leidenschaftliche, spöttische Fellini verwandelt sich also in Italien (hauptsächlich aber im Ausland) in einen geheimnisvollen, dionysischen Seelenerforscher, in den magischen Beschwörer einer herrlichen und grausamen dörflichen und ländlichen Einfalt. Es erscheint uns somit nur folgerichtig, daß in einem Land wie Frankreich, in dem die Poesie des fahrenden Volkes schon immer einen anerkannten Platz einnahm, der circensische Mikrokosmos von *La Strada* wie ein Blitz einschlagen mußte.

(c.g.f.)

Kritik: »*La Strada* ist ein erstaunlicher und geheimnisvoller Film. Er bezwingt und bewegt den Zuschauer, auch wenn es diesem nur mühsam gelingt, die tiefen psychologischen Gründe zu begreifen, die in einer Region angesiedelt sind, zu der selbst Fellini nur durch die Kraft seiner Gefühle und nicht dank der Klarheit seines Intellekts vorgedrungen ist. Lange schon vor dem *Sceicco bianco* und vor den *Vitelloni* war Gelsomina in Fellinis Innerem geboren, und mit der hellsichtigen Unbefangenheit der Irren hat sie ihm nach und nach geholfen, die Fäden ihrer Geschichte zu entwirren. Trotz allem meine ich, daß es Fellini nicht gelungen ist, über Gelsomina sehr viel auszusagen. Doch wir ahnen, daß diese Zurückhaltung etwas Edles und Hohes ist und respektieren sie. Wie dem auch sei – nur die Gestalt Gelsominas hat etwas Unwirkliches. Zampanò hingegen ist eine der mächtigsten, dichtesten und dramatischsten Gestalten des zeitgenössischen Films, der vom klarsten und reinsten Neorealismus geprägt ist (man denke nur an die Leichtigkeit, die Intensität, die unmittelbare menschliche Wärme, die die Gestalten ausstrahlen; an die Art, wie die Personen in der Szene des Hochzeitsessens und in derjenigen, da Gelsomina das kranke Kind aufspürt, sogleich definiert werden). Ich denke allerdings, der Vorwurf ist unberechtigt, Fellini habe mit diesem Film die Flucht aus der Wirklichkeit angetreten. Man könnte da eher über das

Wesen des Menschen Fellini diskutieren, über seine wirklich vorhandene Vorliebe für das extrem »unschuldige« Geschöpf, wobei hier »unschuldig« in dem von Dostojewski verwendeten Sinn zu verstehen ist.«

Vittorio Bonicelli, »Tempo«, Mailand, 7. Oktober 1954

Il bidone (Die Schwindler/Fellini's Gauner)
Italien/Frankreich 1955
Regie: Federico Fellini; *Drehbuch:* Federico Fellini, Ennio Flaiano, Tullio Pinelli; *Kamera:* Otello Martelli; *Schnitt:* Mario Serandrei, Giuseppe Vari; *Ausstattung:* Roberto Gerardi; *Kostüme:* Dario Cecchi; *Musik:* Nino Rota; *Regieassistenz:* Moraldo Rossi, Narciso Vicario; *Produktion:* Giuseppe Lolizzi für Titanus (Rom), S. G. C. (Paris) – Erster italienischer Verleih: Titanus – Von der Zensur freigegeben: 4. Oktober 1955 – Länge: 104 Minuten.
Darsteller und Personen: Broderick Crawford (Augusto), Richard Basehart (Picasso), Franco Fabrizi (Roberto), Giulietta Masina (Iris), Giacomo Gabrielli (»Baron« Vargas), Alberto De Amicis (Rinaldo), Sue Ellen Blake (Susanna), Lorella De Luca (Patrizia), Mara Werlen (Tänzerin), Xenia Walderi, Mario Passante, Irene Cefaro (Marisa), Riccardo Garrone, Paul Grenter, Emilio Manfredi, Lucetta Muratori, Sara Simoni, Maria Zanoli, Ettore Bevilacqua, Ada Colangeli, Amedeo Trilli, Tiziano Cortini, Gino Buzzanca, Ettore Bevilacqua, Rosanna Fabrizi, Barbara Varenna, Yami Kamadeva, Gustavo De Nardo, Gianna Cobelli, Tullio Tomadoni, Grazia Carini, Giuliana Manoni.
Handlung: Augusto, Picasso und Roberto sind drei Spezialisten in der Kunst, ihren Nächsten zu betrügen. Als Priester verkleidet, ziehen sie den Bauern das Geld aus der Tasche, indem sie vorgeben, für deren Verwandte Seelenmessen zu lesen. Andere arme Leute, die in Baracken leben, betrügen sie mit der Zusicherung, ihnen zu einer Wohnung zu verhelfen. Danach hintergehen sie einige Tankstellenbesitzer, denen sie alte, gewendete Mäntel als neue verkaufen. Bei

Broderick Crawford und Richard Basehart in ›Fellini's Gauner/Die Schwindler‹

einer Neujahrsfeier, an der sie alle teilnehmen, entdeckt Picassos Ehefrau Iris, welch ein Leben ihr Mann in Wirklichkeit führt. Eines Tages trifft Augusto zufällig in Rom auf der Straße seine Tochter Patrizia. Sie ist mittlerweile eine erwachsene Studentin, die sich auf eine ehrliche Zukunft vorbereitet. Augustos Vaterliebe erwacht plötzlich. Er lädt sie zum Essen ein und anschließend zu einem Kinobesuch. Doch dort trifft er einen ehemaligen Komplizen, den er übervorteilt hatte. Augusto wird festgenommen. Aus dem Gefängnis entlassen, versammelt Augusto wieder die alte Bande, und sie wiederholen den Schwindel mit den falschen Priestern in einer anderen Gegend. Bei der Begegnung mit einem gelähmten Mädchen, das ungefähr so alt ist wie seine Tochter, wird Augusto von Gewissensbissen gepackt und möchte das

›Fellini's Gauner/Die Schwindler‹: Sue Ellen Blake fällt auf den falschen Priester alias Broderick Crawford herein

erschwindelte Geld den armen Eltern zurückgeben. Doch seine beiden Kumpane sind damit nicht einverstanden. Es kommt zu einem Handgemenge. Während er versucht zu fliehen, rutscht Augusto in eine Schlucht ab und bricht sich das Rückgrat. Picasso und Roberto nehmen ihm das Geld ab und verlassen ihn. Nach einem langen Todeskampf, bei dem er sich seiner unnützen und unglücklichen Existenz bewußt wird, stirbt Augusto.

Bei der Besprechung dieses Filmes zeigt Pietro Bianchi wiederum seine Weitsicht und Fähigkeit, einen Film mit einem kurzen Vergleich zu erfassen: » ... Der Film ist ein Cocktail, in dem sich eine *Satyricon* würdige schuftige Fröhlichkeit mit jener bitteren, verzweifelten Stimmung vermischt, die den unvergessenen Zampanò gebar.« Vittorio Bonicelli, einer der besten Filmrezensenten der fünfziger Jahre, bemerkt seinerseits scharfsinnig, daß der Film »im Vergleich zu *La Strada* einen Schritt nach vorn darstellt«. So meint Bonicelli: »Der Film enthält nicht die Spur eines literarischen Zugeständnisses an die minderwertige Literatur, die in dem früheren Film wahrzunehmen war, während andererseits das Problem der menschlichen Einsamkeit zu seiner letzten Konsequenz geführt wird.« Selbst François Truffaut, der als junger Mann – damals noch nicht Regisseur (er träumte ungeduldig davon, Regie führen zu dürfen, und war deswegen öfter unduldsam) – sehr polemisch war, muß erkennen: »Stundenlang hätte ich Broderick Crawfords Sterben zusehen können ...« Ich meine auch, daß *Il bidone* eines der faszinierendsten, komplexesten, meisterhaft zynischsten Werke des jungen Fellini ist und zugleich eines seiner am meisten unterschätzten.

Il bidone, die Schilderung erbärmlicher, doch aus Feigheit grundsätzlich nicht gewalttätiger Verbrecher, schlauer und heruntergekommener Betrüger, gehört einer für Fellini ansonsten unüblichen Filmgattung an. Meistens zeigt sich seine Phantasie barocker, überbordender und überspannter. Fellini bestätigt mit diesem Film seine Vorliebe für die sorgfältige Beobachtung, für die realistische Einstellung, seine Lust an

›Die Schwindler/Fellini's Gauner‹

der Erzählung des Geschicks gescheiterter kleiner Leute, die zwar nur menschliche Randfiguren sind, sich aber skurril von der allgemeinen Mittelmäßigkeit abheben. Seine »bidonisti« (Schwindler) sind im Grunde die »Vitelloni« des Betruges. Sie werden nie richtig erwachsen und berauschen sich immer wieder bei der Aussicht auf wundervolle Coups. Sie sind kleine, miese Ganoven: eine Mischung aus Leichenfledderern und Clowns – mit einem Schuß ins Künstlerische, Abartige; man denke nur an ihre Vorliebe für die Maskerade, die Verkleidung, an das falsche Gewand. (...) In seiner sehr flüs-

sig geschriebenen »Geschichte Federico Fellinis« (Rizzoli, Mailand 1962) erzählt Angelo Solmi, daß der Gedanke an diesen Film Fellini erstmals 1954 kam, und zwar nach dem großen Erfolg von *La Strada.* Damals wollten alle, daß Fellini eine Fortsetzung zu *La Strada* drehe. Der Titel sollte »Il ritorno di Gelsomina« (Gelsominas Rückkehr) lauten. Das Problem der Fortsetzungen ist für Fellini, wie auch für viele andere italienische oder ausländische Autoren, typisch. Sogar die *vitelloni* sollten eine Fortsetzung mit dem merkwürdigen Titel »I formiconi« erhalten. Aber ist denn der von Fellini stets geplante, doch nie verwirklichte Film »Moraldo in città« etwas anderes als eine Fortsetzung der Abenteuer des »vitellone« Moraldo?
Während der Dreharbeiten zu *La Strada* hatte Fellini reichlich Gelegenheit gehabt, das abgerissene und am Rande der Legalität, wenn nicht sogar offen mit dem Gesetz im Konflikt lebende »Volk der Straße« zu beobachten, das sich immer an der Grenze zum Betrug und zur Übervorteilung anderer bewegte.
Eines Abends, in einer Gaststätte in Ovindoli, erzählte ihm ein Tuchwarenhausierer sein Leben. Nach und nach war ihm die Idee eines »kollektiven« Films über verschiedene Betrüger gekommen, eine Art ungesetzlicher »vitelloni«, mit Sordi, Fabrizi und Peppino De Filippo in den Hauptrollen … (es wäre vielleicht ein großartiger Film geworden, eine Art »fellianische Summa« der italienischen Komödie). Doch dann ergab es sich (so berichtet Solmi und stützt sich dabei auf Informationen, die er von Pinelli erhielt), daß mit dem Fortgang der Dokumentationsarbeiten, als man immer mehr »bidonisti« entdeckte und interviewte, eine Sache immer klarer wurde, die ziemlich naheliegend war: Die Welt der »bidonisti« ist erbärmlich, grausam und gnadenlos, »angefüllt von erbarmungslosen Gaunern, die sich nicht damit begnügen, irgendwie über die Runden zu kommen, sondern auf einen ›großen Coup‹ aus sind und sich gegenseitig bis aufs Messer befehden«. Fellini verzichtete auf seinen ursprünglichen

Plan, einen Gruppenfilm zu drehen, und konzentrierte das Geschehen auf einen Hauptbetrüger, dem er zwei kleinere zur Seite stellte. Der Film geriet zur Schilderung seiner ver-

Diese rausgeputzten Herren sind nichts anderes als ›Fellini's Gauner‹ (›Die Schwindler‹)

worrenen, wechselhaften Unternehmungen und seines im Tode endenden Zusammenbruchs. Als Hauptdarsteller hatte Fellini erst an Bogart und dann an Fresnay gedacht. Er mußte sich mit Broderick Crawford »zufriedengeben«. Angeblich hatte er den Schauspieler vorher noch nie gesehen, der damals durch den Streifen *All the King's men* (Der Mann, der herrschen wollte) von Robert Rossen recht bekannt war. Noch heute erscheint mir dies eine besonders glückliche Wahl. Crawford ist nicht nur ein guter amerikanischer Berufsschauspieler, der seine Ausdrucksmittel exakt einsetzt; er verfügt außerdem über eine schwammige, schlaffe Körperlichkeit, einen schlauen, müden Zynismus, eine Verschlagenheit ohne Illusionen. Die Figur des Augusto wird dadurch sehr nuancenreich und gewinnt ein grausames Pathos, was dem Film sehr zustatten kommt. Ich meine, Gilbert Salachas hat die Eigenschaften des Schauspielers und der von ihm dargestellten Person sehr treffend gekennzeichnet, wenn er behauptet, daß im Grunde Zampanò ein Ahnherr Augustos ist, »ein Ahnherr aus der Höhlenzeit«, und daß »unter einem zivilisierten Äußeren Augusto eine gleichermaßen dumpfe Seele verbirgt«. Der Erfolg des Filmes ist sicher größtenteils ein Verdienst Fellinis, der um die Figur des Augusto eine ganze Welt von kleinen, erbärmlichen, schlauen und an sich feigen Täuschungen aufgebaut hat, die trotzdem eine zerstörte poetische Gesinnung erkennen lassen – gespickt mit feinen und grausamen Einfällen – (ein Beispiel dafür ist der klassische Betrug im Priestergewande, von dem Augusto nicht lassen kann). Eine besondere Anerkennung gebührt aber auch dem Schauspieler, dem, obwohl er in einer für ihn völlig neuen Atmosphäre arbeitet, eine zugleich glaubhafte und charakteristische Darstellung gelingt.

Eine solche Leistung ist nicht immer selbstverständlich und gehörte damals nicht zur Regel, wenn es einmal vorkam, daß sich ein amerikanischer Schauspieler in der fragileren und sicher auch artifizielleren Welt des europäischen Filmes behaupten mußte. *(c.g.f.)*

Kritik: »Wollten wir einen stilistischen und geistigen Vorläufer Fellinis bestimmen, so müßten wir auf Kafka zurückgreifen. Der Weg des alten »bidonista« mit dem todmüden Blick hält sich an die kafkaeske Maschinerie des ›Prozeß‹ und spielt sich zwischen müden und gleichgültigen Menschen in einer Welt ab, die genauso grausam objektiviert ist wie diejenige Kafkas.«

Tullio Kezich, »Sipario«, X, 115, Mailand, November 1955

Le notti di Cabiria (Die Nächte der Cabiria)
Italien/Frankreich 1957
Regie: Federico Fellini; *Drehbuch:* Federico Fellini, Ennio Flaiano, Tullio Pinelli; unter Mitarbeit von Pier Paolo Pasolini; *Kamera:* Aldo Tonti; *Schnitt:* Leo Catozzo; *Ausstattung und Kostüme:* Piero Gherardi; *Musik:* Nino Rota; *Regieassistenz:* Moraldo Rossi, Dominique Delouche; *Produktion:* Dino de Laurentiis, Rom, Les Films Marceau, Paris – Erster italienischer *Verleih:* Paramount – Von der Zensur freigegeben: 15. März 1957 – *Länge:* 110 Minuten.
Darsteller und Personen: Giulietta Masina (Cabiria), François Périer (Oscar D'Onofrio), Franca Marzi (Wanda), Dorian Gray (Jessy), Amedeo Nazzari (Alberto Lazzari), Aldo Silvani (der Fakir), Mario Passante (Lahmer), Pina Goulandri (Mathilda), Polidor (Mönch), Enio Girolami (Zuhälter), Christian Tassou, Jean Molier, Riccardo Fellini, Maria Luisa Rolando, Amedeo Gierard, Loretta Capitoli, Mimmo Poli, Giovanna Gattinoni.
Handlung: Cabiria, eine arme, naive und zarte Prostituierte, hat niemals Glück in ihrem Leben gehabt. Ein Freund hat versucht, sie umzubringen, um sich ihres Geldes zu bemächtigen; die anderen Dirnen verspotten sie; ein berühmter Schauspieler nimmt sich in einer betrunkenen Laune ihrer an und demütigt sie danach. Im Laufe einer hysterischen religiösen Zeremonie zu Ehren der »göttlichen Liebe« fleht Cabiria um ein Wunder: sie möchte ein neues Leben beginnen. Einige Zeit später weissagt ihr ein Hypnotiseur die rosige Zukunft,

Giulietta Masina in der Titelrolle der Cabiria in ›Die Nächte der Cabiria‹

von der sie immer geträumt hat. Dieser Traum scheint auch Wirklichkeit zu werden, als sie Oscar begegnet, einem schüchternen, ernsthaften und arbeitsamen Mann. Oscar sucht sie immer wieder auf und bietet ihr bald die Heirat an. Vertrauensselig und glücklich übergibt Cabiria dem Verlobten all ihre Ersparnisse. Doch es kommt zur unvermeidlichen Enttäuschung: Der Mann ist nur auf ihr Geld aus und, um in dessen Besitz zu kommen, sogar bereit, sie umzubringen. Erneut hat Cabiria ihre Naivität fast mit dem Leben bezahlt. Verzweifelt irrt sie im nächtlichen Wald umher. Sie begegnet einer Schar fröhlicher junger Leute. Cabiria trocknet ihre Tränen. Sie lächelt. Das Spiel kann von neuem beginnen.

Fellini selbst hat erzählt, daß ihm der erste Einfall zu diesem Film viele Jahre vorher kam, als er noch und nur Drehbuchautor war. Er meinte, das könnte eine Rolle für Anna Magnani sein. Damals war die Schauspielerin noch mit Rossellini liiert. Fellini trug ihr zwei Projekte vor, die ihm geeignet für sie erschienen. Das erste betraf eben die Geschichte einer Prostituierten, mit der sich ein berühmter Schauspieler eine Zerstreuung gönnt und die er dann ins Badezimmer sperrt, während er mit seiner Freundin streitet. Die zweite Geschichte war die einer primitiven und geistig zurückgebliebenen Bäuerin, die sich mit einem Landstreicher einläßt, den sie für den heiligen Josef hält. Von ihm geschwängert, bringt sie einen Sohn zur Welt, von dessen göttlicher Herkunft sie

›Die Nächte der Cabiria‹

überzeugt ist. Anna Magnani war selbstverständlich von der zweiten Geschichte begeistert (daraus wurde später der Rossellini-Film *Ampre;* in diesem Film war ausgerechnet Fellini ihr Partner und schnitt dabei sogar sehr gut ab). Die Geschichte der Prostituierten dagegen stieß bei Anna Magnani auf heftige Ablehnung. (Fellini erzählt, die Schauspielerin habe mit wachsender Interesselosigkeit und Ablehnung reagiert. Zuletzt sei sie herausgeplatzt und habe gesagt: »Federi, meinst du denn wirklich, daß sich eine Frau, wie ich es bin, von solch einem Schauspieler-»Arsch« ins Klo einsperren läßt?« Diese Worte beweisen, daß Anna Magnani genau wußte, welchen Typ sie zu verkörpern hatte – den der römischen Frau aus dem Volke, die zwar sentimental und leidensfähig, aber auch kämpferisch und stolz ist. Eine Frau, die gewohnt ist, die Welt als ein Schlachtfeld anzusehen, wo die Menschen nur darauf aus sind, die anderen zu betrügen, und es mit gleicher Münze zurückgezahlt bekommen.) Jahre vergingen, doch Fellini vergaß die Gestalt der in ihrer Naivität märchenhaft anmutenden Dirne nicht. So fügte er die Figur fast verstohlen in seinen ersten, vollständig eigenen Film *Lo sceicco bianco* ein, gab ihr den Namen Cabiria und übertrug die Rolle seiner Ehefrau Giulietta Masina. Cabiria ist eines der beiden Straßenmädchen, denen der von seiner Ehefrau verlassene Buchhalter Cavalli (d. h. Leopoldo Trieste) auf einem römischen Platz sein Leid anvertraut. Cabiria war nicht einmal im Drehbuch vorgesehen, sagt Fellini, es war ein spontaner Einfall. In der Vorstellung des Regisseurs gewann die Figur jedoch an Bedeutung, so daß es Jahre später zu dem hier besprochenen Film kam. »Cabirias unschuldiges Grinsen, ihre übermäßige Rührseligkeit, ihre mitfühlenden oder auch frozelnden Grimassen – all dies wirkte so pathetisch und komisch zugleich, daß mir plötzlich bewußt wurde: Soeben, in dieser Nacht, war eine neue Gestalt geboren, welche die gleiche Ausstrahlungskraft wie Gelsomina in *La Strada* hatte, die gleiche Fähigkeit, beim Zuschauer Sympathie und Mitgefühl zu wecken. Weitere Anregungen und Stoff für die Gestal-

Giuletta Masina und François Périer in ›Die Nächte der Cabiria‹

tung dieser Rolle«, erzählt Fellini weiter, »erhielt ich während der Dreharbeiten zu *Il bidone*. Wir drehten in einem kleinen Ort, unmittelbar an der Mauer des alten römischen Aquädukts ›Felice‹. Dort traf ich auf ein halbverrücktes Weiblein. Es lebte in einem schwarzgebauten Häuschen und wartete halbverrückt vor Angst darauf, von einem Tage zum anderen aus seiner Wohnung vertrieben zu werden. Das, was die Frau mir anvertraute, eine Mischung aus persönlichen Erfahrungen und bildromanhaften Auswüchsen der Phantasie, war der entscheidende Anstoß zur Gestaltung der Cabiria.« Es war allerdings noch ein weiter und dornenreicher Weg, bis es Fellini gelang, den Film *Cabiria* fertigzustellen. Wie typisch für Fellinis Karriere, häuften sich die Mißgeschicke (Fellini hat nie einen »einfachen Film« gedreht. Immer mußte er mit den Produzenten kämpfen, die überhaupt nicht oder nur teilweise mit seinen Ideen einverstanden waren, die in letzter Minute wieder verschwanden, wesentliche Änderungen verlangten oder plötzlich nicht über ausreichende finanzielle Mittel verfügten. Man sieht, daß die Karriere eines berühmten Regisseurs genauso viele kleine oder große Pannen aufweist wie die eines drittrangigen Filmemachers – das ist wohl eine der vielen Ungereimtheiten des Regisseurberufs im besonderen und der Filmindustrie im allgemeinen. In diesem Zusammenhang verweise ich auf die Fellini-Biographie von Solmi, die eine wahre Fülle merkwürdiger und amüsanter Einzelheiten enthält. Hier möchte ich nur eine Anekdote wiedergeben, bei der sich Solmi auf das Zeugnis des Fellini-Gehilfen Narciso Vicario beruft. Die Episode betrifft Fellinis Unterredung mit dem Produzenten Goffredo Lombardo der »Titanus«-Filmgesellschaft: »Nachdem Lombardo das Treatment gelesen hatte, ließ er Federico kommen, und es entspann sich folgendes Gespräch: ›Laß uns ganz offen miteinander reden, (...) du hast einen Schwulen-Film gedreht (damit meinte er *I vitelloni* und hatte wahrscheinlich die Figur des Natali im Auge), dann einen über Zigeunergesindel und einen über Schwindler. Du hattest schon einmal einen Film über Verrückte geplant, und nun kommst du mir mit den Dirnen. Ich frage mich, über wen du deinen nächsten Film machen wirst.‹ Verärgert antwortete Fellini: ›Über die Produzenten!‹« Fellini versuchte sein Glück noch bei zehn weiteren Produzenten, bevor er endlich einen Vertrag mit de Laurentiis abschloß. Für das endgültige Drehbuch zeichneten außer Fellini Ennio Flaiano und Tullio Pinelli verantwortlich. Ennio Flaiano überzeugte Fellini, die ursprünglich für Anna Magnani geschriebene Episode mit dem Schauspieler Nazzari in den Film aufzunehmen, und beschäftigte sich vor allem mit diesem Teil und der Sequenz auf der »Passeggiata Archeolo-

›Die Nächte der Cabiria‹

gica« (der archäologischen Promenade). Von Tullio Pinelli stammen die Sequenzen der Prozession zu der Mutter Gottes der »Göttlichen Liebe« und das Ende des Films. Der Schriftsteller Pier Paolo Pasolini war ebenfalls an der Erstellung des Drehbuchs beteiligt. Da Pasolini schon damals als anerkann-

ter Spezialist für die römische Mundart galt, wurden ihm die Dialoge der Prozessionsszene übertragen. Er sorgte außerdem dafür, daß die Bemerkungen und Sätze der Straßenmädchen echt wirkten.
Der Film wurde 1957 beim Filmfestival in Cannes uraufgeführt, und Giulietta Masina erhielt den Preis für die beste Hauptdarstellerin. *(c.g.f.)*

Kritik: »Dieser Film (...) ist sicher Fellinis bester und einer der bemerkenswertesten Filme der Nachkriegszeit. (...) Poetisch und realistisch zugleich, wird die verzweifelte Sehnsucht nach Liebe dieser armen Kreatur (Cabiria) glaubhaft geschildert. Man denke nur an die Szene, in der sie der Freundin von ihrer bevorstehenden Hochzeit erzählt, an diejenige des Gelübdes an die Mutter Gottes der ›göttlichen Liebe‹ oder an die Szene, in der sie mit dem Buchhalter am Seeufer ißt. Fellini hat seine Figur mit den verschiedenartigsten Milieus und Situationen in Verbindung gebracht (die er knapp und treffend schildert), ohne daß der innere Zusammenhang jemals nur aufgesetzt oder unglaubwürdig erscheint. Sogar die Aufnahmetechnik der Bilder, das Licht, der großzügige und dennoch traurige Rhythmus der Erzählung passen sich dem jeweiligen Geistes- und Seelenzustand Cabirias an. Der Regisseur drückt sein Mitgefühl, seine Gedanken und sein moralisches Urteil formvollendet aus, ohne jemals ins Rhetorische oder gar ins Lehrhafte zu verfallen ...«

Luigi Chiarini, »Panorama del cinema contemporaneo«, Edizioni di Bianco e Nero, Rom 1957, S. 145–157

La dolce vita

(Das süße Leben)
Italien/Frankreich 1959
Regie: Federico Fellini; *Drehbuch:* Federico Fellini, Tullio Pinelli, Ennio Flaiano, Brunello Rondi; *Kamera:* Otello Martelli; *Schnitt:* Leo Cattozzo; *Ausstattung und Kostüme:* Piero Gherardi; *Musik:* Nino Rota (Leitung Franco Ferrara unter Beteiligung von »I Campanino« und Adriano Celentano); *Re-*

Die Anfangssequenz zu ›Das süße Leben‹

gieassistenz: Giancarlo Romani, Gianfranco Mingozzi, Lilli Veenman; *Produktion:* Giuseppe Amato für Riama Film, Rom/Pathé Consortium Cinéma, Paris – *Verleih:* Cineriz.

Darsteller und Personen: Marcello Mastroianni (Marcello Rubini), Anita Ekberg (Sylvia), Anouk Aimée (Maddalena), Yvonne Fourneaux (Emma), Alain Cuny (Steiner), Annibale Ninchi (Marcellos Vater), Magali Noël (Fanny), Lex Barker (Robert, Sylvias Ehemann), Jacques Sernas (Star), Nadia Gray (Nadia), Valeria Ciangottini (Paola), Polidor (Clown), Mino Doro (Nadias Geliebter), Riccardo Garrone (Riccardo), Harriet White (Edna, Sylvias Sekretärin), Alan Dijon (Frankie), Walter Santesso (Paparazzo), Renée Longarini (Frau Steiner), Giulio Questi (Don Giulio), Lilli Granado (Lucy), Carlo Di Maggio (Totò Scalise, Produzent), Audrey McDonald (Sonia), Enzo Cerusico (Fotograf), Enzo Doria (Fotograf), Laura Betti, Daniela Calvino, Enrico Glori, Franca Pasutt, Luise Rainer, Fiulio Paradisi, Nico Otzak, Sandra Lee, Ida Galli, Rina Franchetti, Francesco Luzi, Adriano Celentano, Gio Staiano, Christine Denise, Archie Savage, Alfredo Rizzo, Giulio Girola, Adriana Moneta, Domino, Gloria Jones, Massimo Busetti, Carlo Musto.

Handlung: Marcello Rubini ist ein Journalist, der für ein Skandalblatt schreibt, aber noch immer der Hoffnung nachhängt, eines Tages ein seriöser Schriftsteller zu werden. Sieben Nächte und sieben Tage begleitet er den Zuschauer als Führer durch das »süße Leben« Roms. Zu Beginn sehen wir Marcello in einem Hubschrauber die Straßen und Plätze Roms überfliegen: Er begleitet den Lufttransport einer riesigen Christusstatue. Am Abend in einem Night-Club begegnet Marcello der jungen Erbin Maddalena, die immer auf der Suche nach neuen Sensationen ist. Die beiden beschließen den Abend, indem sie sich im Bett einer Prostituierten lieben. Als Marcello in der Morgendämmerung nach Hause zurückkehrt, hat seine Geliebte Emma aus Eifersucht einen Selbstmordversuch unternommen. Er bringt sie in ein Krankenhaus, muß aber anschließend sofort zum Flughafen Ciam-

Sylvia (Anita Ekberg) genießt die ungeteilte Aufmerksamkeit ihrer Bewunderer: ›Das süße Leben‹

pino eilen, um der Ankunft Sylvias, einer berühmten amerikanischen Filmdiva, beizuwohnen. Nach einer Pressekonferenz, der Ersteigung der Kuppel des Petersdoms und einem Besuch im Night-Club »Caracalla's« begleitet Marcello Sylvia eine ganze Nacht lang, stets in Erwartung eines günstigen Augenblicks. Der aber kommt nicht. Nach einem nächtlichen Bad der Diva in der Fontana di Trevi kehren die beiden zu Sylvias Hotel zurück und werden von ihrem Mann geohrfeigt. Die Streitereien mit Emma nehmen kein Ende. Marcello begegnet einem Freund, dem Intellektuellen Steiner, dessen ruhiges Leben mit Frau und Kindern ihm wie ein erstrebenswertes Ideal erscheint. Von Berufs wegen ist er auch bei einem Ereignis mythischer Massensuggestion zugegen, auf einer Wiese in der Nähe von Terni, als zwei Kinder behaupten, ihnen sei die Mutter Gottes erschienen. Eines Abends kommt der alte Vater aus der Provinz, um Marcello zu besuchen. Der führt ihn aus – in einen Night-Club alten Stils. Fast zufällig nimmt er außerdem an dem Schloßfest einer Gruppe Adeliger teil. Hier erklärt er Maddalena seine Liebe, endet jedoch im Bett einer reifen Verführerin. Am nächsten Tag erfährt Marcello, daß Steiner seine beiden Kinder umgebracht und anschließend Selbstmord begangen hat. Am Schluß des Filmes wohnt Marcello einer trostlosen Orgie in einer Villa in Fregene bei. Am frühen Morgen begibt sich die ganze Gesellschaft an den Strand, wo ein monströser Fisch ans Ufer geschwemmt worden ist. Marcello wird von einem jungen unschuldigen Mädchen gegrüßt, das er zufällig zuvor in einem ländlichen Gasthaus kennengelernt hatte. Doch er erkennt sie nicht wieder und kann auch ihre Worte nicht hören.

Heute, nach so vielen Jahren, ist es schwierig, sich in jenem Labyrinth von Urteilen, Bewertungen, Zeugnissen und Polemiken zurechtzufinden, die sich damals um den Film *La dolce vita* rankten. Es genügt wohl zu erwähnen, daß *La dolce vita* einer ganzen Epoche des italienischen Films seinen Stempel aufdrückte und eine Reihe heute noch gültiger Neologismen ins Leben rief (so wie die *Vitelloni* wurde auch der Filmtitel *Das süße Leben* in den allgemeinen Sprachgebrauch übernommen und steht seither für die müde, dekadente Art, das Leben zu genießen; auch der Nachname des von Walter Santesso dargestellten Fotografen »Paparazzo« ist zum Synonym für den aufdringlichen Bildreporter von Klatsch- und Sensationsberichten geworden und ebenfalls endgültig in die Sprache eingegangen). Die damaligen Kritiken geben uns einen Eindruck von den breitgefächerten Reaktionen, die der Film hervorrief, obwohl es uns heute fast unmöglich ist, die Polemiken, die Neugierde, die Erwartungen, die Enttäuschung der einen und die Begeisterung der anderen nachzuvollziehen, d. h. all die Emotionen, die der Film bei seinem Erscheinen hervorrief. Ich bin überzeugt davon, daß jeder von uns eine ganz persönliche Erinnerung an diesen Film hat. Ich – der dem Film damals mehr als eine Seite in meiner Zeitung widmete – habe noch heute nicht die Vielfältigkeit meiner damaligen Reaktionen vergessen – die Faszination dieser riesigen, prachtvollen, »unechten« Bühne, auf der Fellini seinen oberflächlichen und zugleich traurigen Marcello agieren läßt, der sich mit Christusstatuen, wildgewordenen Fotografen, trübsinnigen Adeligen auf ihren zerfallenen Schlössern, mystischen Erscheinungen, Intellektuellenversammlungen, deprimierenden Erlebnissen mit dem Vater im Night-Club abgeben muß. Was die (üblichen) Wechselfälle bei der Vorbereitung zum Film betrifft, das übliche Vorschlags- und Ablehnungsspielchen mit dem Produzenten (bis es endlich zu einer Einigung mit Angelo Rizzoli kam), wie auch wegen des aus-

Yvonne Fourneaux und Marcello Mastroianni in ›Das süße Leben‹

führlichen und vergnüglichen Tagebuchs zur Vorgeschichte verweise ich auf Tullio Kezichs Buch, das unter dem Titel »Von der Filmidee zum Film« in der Reihe Cappelli erschienen ist: eine wunderbare Schilderung von Fellinis stetem, zähem und fröhlich-unbeirrbarem Kampf, seine Arbeit zu Ende zu führen. Auch heute noch, im nachhinein, stellt sich uns dieser Film als ein außerordentliches Wagnis dar. Unternahm Fellini doch den Versuch, Empfindungen und eine Fülle verschiedener Eindrücke, Schatten, verschwommener und somit schwer zu definierender Figuren auf die Leinwand zu bannen. Der Film beschwört die gesamte italienische Wirklichkeit der fünfziger Jahre herauf – mit ihrer naiven Lebenslust, ihrer heute geradezu unfaßlich wirkenden Gewöhnlichkeit,

Yvonne Fourneaux und Marcello Mastroianni in ›Das süße Leben‹

Lex Barker behandelt seine Ehefrau wesentlich roher als ihre Verehrer: ›Das süße Leben‹

die sich in der Freude an der gepflegten Erscheinung, am abendlichen Ausgehen in neuer Kleidung, am Sehen-und-Gesehenwerden in den strahlenden Lichtern der Straßencafés ausdrückte. Fellini führte dies alles zu einem Zeitpunkt vor Augen, da es schon der Vergangenheit angehörte (seine in den Studios rekonstruierte Via Veneto war nichts weiter als ein fröhliches Grabmahl!), und zwar mit solch einer Lebendigkeit, Intensität und Vielfältigkeit, daß er sogar jene in Erstaunen versetzte, die stets seinem gleichermaßen spöttischen und dekadenten Talent vertraut hatten. Der Film hielt sich ziemlich genau an die von Fellini, Flaiano und Pinelli (unter Mitwirkung von Brunello Rondi) geschriebene Vorlage. Ursprünglich hatte das Drehbuch zwei weitere Episoden vorgesehen (die eine betraf eine ältere Schriftstellerin, die Marcello protegiert, die andere ein Mädchen, das während eines Ausflugs zu Tode kommt), die später nicht gedreht wurden, während zwei andere Episoden hinzukamen, die sicherlich zu den anrührendsten des Filmes zählen (die von dem »Wunder« und die von dem Adelsfest). Anfangs wollte Fellini ein ganz anderes Filmprojekt verwirklichen, und zwar »Moraldo in città« (ein Projekt, mit dem er immer wieder liebäugelte, und zusammen mit »Il Ritorno di G. Mastorna« der bekannteste seiner nie gedrehten Filme). Doch dann gewannen die starken Impulse, die vom damaligen Zeitgeist ausgingen, die Oberhand (1958, als die Filmgeschichte allmählich entstand, wurde viel über die »Café-Society« in der Via Veneto, über die von den Fotografen gejagten Schauspieler und Schauspielerinnen geklatscht, über die Feste, die Zusammenkünfte und die leichtlebige Euphorie einer vielleicht banalen und bestimmt frivolen Gesellschaft, die uns aber im nachhinein merkwürdig vital erscheint) und bestimmten nach und nach die endgültige Filmfassung. In den Mittelpunkt der Erzählung rückte nun der zwischen Ernsthaftigkeit und Frivolität der mondänen Welt hin- und hergerissene Journalist Marcello Rubini. Diese Figur ist nicht nur eine der gelungensten Schöpfungen Fellinis, sondern zugleich auch eine der überzeugendsten Darbietungen Marcello Mastroiannis (der von Anfang an für diese Rolle vorgesehen war). Die von vielen Wechselfällen bestimmten Dreharbeiten begannen am 16. März 1959 in Cinecittà und wurden am 27. August des gleichen Jahres in Passo Corese abgeschlossen. In der fast sechs

Monate dauernden Drehzeit wurden 92000 Meter Filmmaterial belichtet, die dann zu den 5000 Meter der endgültigen Fassung zusammengeschnitten wurden. Der Film kam im Februar 1960 in die Kinos und gab Anlaß zu unendlichen Polemiken, so daß im nachhinein der Eindruck entsteht, man habe damals in einem anderen Italien oder zumindest in einem inzwischen verschwundenen Land gelebt. Es ist, als wären hundert und nicht dreißig Jahre seither vergangen. Während der Uraufführung des Filmes in Mailand kam es zu tumultuarischen Szenen. Mehrere Menschen beschimpften den Regisseur, und eine Dame spuckte Fellini ins Gesicht. In der Folge kam es sogar zu einer Anfrage im Parlament, weil einige Volksvertreter ein Aufführungsverbot für das Werk oder zumindest den Eingriff der Zensur beantragt hatten.

Marcello Mastroianni und Anita Ekberg in ›Das süße Leben‹

Zum Glück ging die Sache aus wie das Hornberger Schießen, doch man sollte dies alles ruhig erzählen, um an die übertriebenen Erwartungen und übertriebenen Reaktionen zu erinnern, mit denen ein Werk aufgenommen wurde, das noch lange Zeit im Auge des Zyklons bleiben sollte. *(c.g.f.)*

Kritik: »Der Film – einer der schrecklichsten, unergründlichsten und auf seine Art tragischsten Filme, die jemals gezeigt wurden – ist ein wahres Festival aller Falschheiten, sämtlicher Täuschungen und Korruptionen unserer Zeit. Er ist das Sterbebildnis einer allem Anschein nach noch jugendlichen Gesellschaft, die – wie auf den mittelalterlichen Bildern – mit dem Tod den Reigen tanzt und ihn dennoch nicht sieht. Er ist ›die menschliche Komödie‹ einer Krise, die – wie auf Goyas Zeichnungen oder in Kafkas Erzählungen – die Menschen in Ungeheuer verwandelt, ohne daß sie sich dessen bewußt werden. (...) Polemik, Symbol, Allegorie, Anklageschrift? Nichts von alledem, denn Fellini hat sich absichtlich von einem ›Thesen-Werk‹ ferngehalten, hat programmatische, rhetorische wie auch moralische Ansätze strengstens vermieden und es vorgezogen, uns die heutigen Ungeheuer zu beschreiben. (...) Er hat dies mit einer dramatischen Kraft, mit einem Schwung und in einem völlig neuen Stil getan, so daß man – trotz gewisser Vorbehalte wegen der Schwäche einiger Episoden – diesen Film sicherlich unter die modernsten Werke der Filmkunst einreihen kann.«

Gian Luigi Rondi, »Il Tempo«, Rom, 5. Februar 1960

»Stilistisch betrachtet ist *La dolce vita* gewiß ein sehr interessanter Film. Obwohl er das hohe Niveau seiner Ausdruckskraft stets beibehält, paßt Fellini seinen Stil dem Thema an, das in den einzelnen Episoden behandelt wird. Das ergibt eine breitgefächerte Darstellungsskala, die von der expressionistischen Karikatur bis zum trockensten Neorealismus reicht. Im allgemeinen fällt eine Neigung zur karikaturistischen Verzerrung auf, die in dem Maß wächst, in dem das moralische Urteil grausamer und verächtlicher wird. Trotz alledem spürt man stets, daß auch eine Spur von Wohlgefallen und Mitgefühl mit im Spiel ist. Das zeigt sich in der recht phantasievollen Szene der Schlußorgie ebenso wie in derjenigen des Adelsfestes, deren beobachtender Scharfsinn und erzählerischer Rhythmus bewundernswert sind ...«

Alberto Moravia, »L'Espresso«, Rom, 14. Februar 1960

Boccaccio 70

Italien/Frankreich 1962
Ein Schwank in vier Akten, ausgedacht von Cesare Zavattini; Zweiter Akt: *Le tentazioni del Dottor Antonio* (Die Versuchungen des Doktor Antonio).
Regie: Federico Fellini; *Drehbuch:* Federico Fellini, Tullio Pinelli, Ennio Flaiano, unter Mitarbeit von Brunello Rondi und Goffredo Parise; *Kamera:* Otello Martelli; *Schnitt:* Leo Catozzo; *Ausstattung:* Piero Zuffi; *Musik:* Nino Rota; *Produktion:* Carlo Ponti für Concordia Compagnia Cinematografica e Cineriz (Rom), Francinex und Gray Films (Paris) – Erster italienischer *Verleih:* Cineriz – Freigabe 6. Februar 1962 – *Länge:* 60 Minuten.
Darsteller und Personen: Peppino De Filippo (Doktor Antonio Mazzuolo), Anita Ekberg (die Frau auf dem Plakat), Antonio Acqua (Kommissar), Eleonora Nagy (das kleine Mädchen), Dante Maggio, Donatella Della Nora (Schwester des Doktor Antonio), Giacomo Furia, Alfredo Rizzo, Alberto Sorrentino, Monique Berger, Polidor, Mario Passante, Silvio Bagolini, Achille Majeroni, Enrico Ribulsi, Gesa Meiken, Gondrano Trucchi, Ciccio Bardi, Giulio Paradise.
Die weiteren Episoden des Filmes sind: »Renzo und Luciana« von Mario Monicelli, »Der Job« von Luchino Visconti und »La riffa« von Vittorio De Sica.
Handlung: Doktor Antonio ist ein unbeugsamer Hüter der Moral. Er kanzelt Pfadfinder ab, stört die Liebespärchen und zerreißt die Titelblätter der Zeitungen an den Zeitungskiosken. Eines Tages wird vor den Fenstern seiner Wohnung ein riesiges Werbeplakat aufgestellt, auf dem eine äußerst üppige

Anita Ekberg als leibhaftig gewordene Reklamewand: ›Boccaccio '70‹

Frau zu sehen ist, die lächelnd für höheren Milchkonsum wirbt. Als all seine Versuche, das Plakat entfernen zu lassen, erfolglos bleiben, schreitet Antonio zur Tat und bewirft das Bild mit Tintenfläschchen. Die Behörde schreitet ein und läßt das Plakat mit weißem Papier überkleben. Ein Platzregen jedoch bringt die anstößigen Rundungen wieder zum Vorschein. Von seiner fixen Idee besessen, sieht Doktor Antonio im Traum sein riesenhaftes Opfer menschliche Gestalt annehmen, vom Plakat herabsteigen und ihn bedrängen. Ängstlich und klein erliegt er ihren Verführungskünsten. Am nächsten Morgen findet man den phantasierenden Moralisten auf dem Plakat liegend. Auf dem Dach des Krankenwagens, der ihn zur Nervenheilanstalt bringt, sitzt augenzwinkernd ein kleiner Cupido.

Vielen hat diese Fellini-Episode nicht gefallen, die in einem Film mit dem fröhlichen Mailänder Realismus Monicellis, mit der üppigen, mondänen Ironie Viscontis, der robusten emilianischen Sinnlichkeit – gesehen durch das römische Auge De Sicas – vereint ist. Es gab harte und abwertende Kritiken, doch auch andere, die voll des Lobes waren. Wie so oft bei Fellini, verstanden viele Kritiker nicht, daß er in der knappen Form der Episode, der gefilmten Novelle, Jugenderinnerungen zum Leben erweckte, seine Erfahrungen mit einer humoristischen Zeitschrift verwertete, die ihn sicher in geringerem Maße als der Film, doch noch immer spürbar geprägt haben (man denke an seine Karikaturen, an seine Skizzen, seine Zeichnungen, an seine Filmfigürchen). Die Vorstellung, daß die üppige Figur Anita Ekbergs zum Leben erwacht und von dem riesigen Plakat herabsteigt, auf das sie die Phantasie der Werbeexperten als Lockmittel für Milch gebannt hatte, mag heutzutage fast selbstverständlich und nicht sehr einfallsreich erscheinen, hatte aber im Italien der sechziger Jahre einen hintersinnigen, maliziösen Beigeschmack, auf den Fellini in seiner spöttischen, ausweichenden Art besonders sensibel reagiert. *(c.g.f.)*

Da hüpft der Puritaner im Dreieck: ›Boccaccio '70‹

Kritik: »Mit der Episode *Le tentazioni del Dottor Antonio* hat sich Fellini eine Erholung gegönnt. Er wollte sich unterhalten, und es ist ihm dabei gelungen, auch andere zu unterhal-

Federico Fellini und Anita Ekberg bei den Dreharbeiten zu ›Boccaccio '70‹

ten, indem er als guter Katholik einen der groteskesten Aspekte gewisser moralischer Kreuzzüge an den Pranger stellte. Es ist ihm gelungen, Peppino De Filippo großartig schauspielern zu lassen, und er hat Anita Ekberg die Möglichkeit gegeben, all ihre Fähigkeiten zu zeigen. Um die beiden Hauptfiguren bewegt sich eine kleine, bis zur Qual komisch dargestellte Menschenmenge. In diesem Punkt ist er ausgezeichnet. (...) Er hat erneut seinen Einfallsreichtum und die

Schärfe seines Sarkasmus bewiesen. Doch das alles ist nur ein Lächeln und nichts weiter ...«

Giovanni Grazzini, »Corriere della Sera«, Mailand, 24. Februar 1962

Otto e mezzo (Achteinhalb)
Italien/Frankreich 1963
Regie: Federico Fellini; *Drehbuch:* Federico Fellini, Tullio Pinelli, Ennio Flaiano, Brunello Rondi; *Kamera:* Gianni Di Venanzo; *Schnitt:* Leo Catozzo; *Ausstattung und Kostüme:* Piero Ghcrardi; *Musik:* Nino Rota; *Regieassistenz:* Guida-

rino Guidi, Giulio Paradise und Francesco Aluigi; *Produktion:* Federico Fellini und Angelo Rizzoli für Cineriz (Rom), Francinex (Paris) – Erster italienischer *Verleih:* Cineriz – Freigabe durch die Zensur: 6. 2. 1963 – *Länge:* 114 Minuten.

Darsteller und Personen: Marcello Mastroianni (Guido Anselmi), Anouk Aimée (Luisa, seine Frau), Sandra Milo (Carla, seine Geliebte), Claudia Cardinale (Claudia, das Mädchen aus dem Thermalbad), Mario Pisu (Mezzabotta), Barbara Steel (Gloria), Guido Alberti (Produzent), Rossella Falk (Rossella), Madeleine Lebeau (die Schauspielerin), Jean Rougeul (der Intellektuelle), Catarina Boratto (die Dame aus dem Thermalbad), Annibale Ninchi (der Vater), Giuditta Rissone (die Mutter), Edra Gale (»la Saraghina«), Mario Conocchia (Produktionsleiter), Cesarino Micheli Picardi (Produktionsleiter), Tito Masini (Kardinal) u. a.

Handlung: Guido Anselmi, ein berühmter Regisseur, hat sich zu einer Kur in ein Thermalbad zurückgezogen. In seine Träume mischen sich Halbträume, Kindheitserinnerungen und Schuldgefühle, die eine Folge seiner katholischen Erziehung sind. Er ist mit den Vorbereitungen zu einem neuen Film beschäftigt, und um ihn herum bewegen sich die Menschen, die mit seiner Arbeit zu tun haben: der Produzent, der befürchtet, das investierte Kapital zu verlieren; ein intellektueller und besserwisserischer Kritiker; Schauspieler oder solche, die es gerne werden möchten. Die übliche Schar der treuen Mitarbeiter. Dann gibt es auch noch Figuren aus seinem Privatleben: die üppige und dumme Geliebte; die Ehefrau, mit der er immer weniger kommunizieren kann; ein alter Freund in Begleitung eines jungen und gekünstelten Mädchens. Außerdem gibt es noch das merkwürdige und außerhalb der Zeit lebende Publikum des Thermalbades: alte Damen, Priester und Kardinäle, eine engelhafte Krankenschwester. Guido befindet sich in einer Krise. Die Bilder der Probeaufnahmen für den Film vermischen sich mit den Bildern seiner nächtlichen Alpträume. Wir erleben seine Begegnung mit den toten Eltern auf dem Friedhof; sehen, wie er

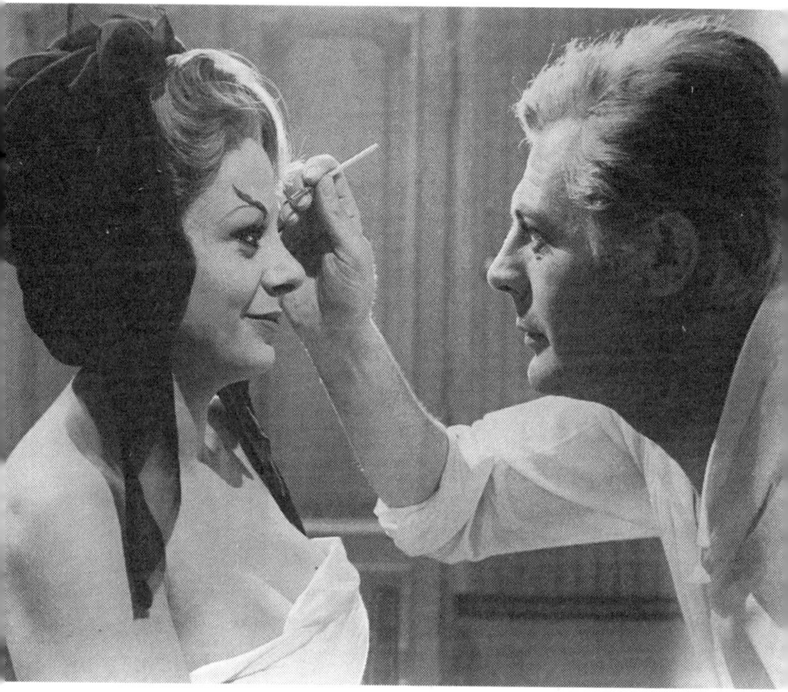

Sandra Milo und Marcello Mastroianni in ›Achteinhalb‹

mit seinen Freunden an den Strand läuft, um dem Tanz der riesengroßen und übermäßig dicken Saraghina beizuwohnen; erfahren von seiner phantastischen Vorstellung, die Ehefrau und alle Konkubinen in einem Harem zu vereinen und durch Peitschenhiebe zur Eintracht zu zwingen. Das umlaufende Gerücht, der Film werde niemals fertiggestellt, wird immer drängender, so daß der Produzent sich entscheidet, eine Pressekonferenz im Studio vor dem Hintergrund eines riesigen Science-fiction-Bauwerks abzuhalten. Guido wird mit Fragen bestürmt. Er träumt von Selbstmord. In dem Augenblick jedoch, da er seine Entscheidung, den Film nicht zu drehen, verkünden will, betreten alle Personen aus seinem

›*Achteinhalb*‹

Leben die Szene und formieren sich zu einem phantastischen Defilee. Guido ergreift die Flüstertüte und erteilt die ersten Anweisungen. Der Film beginnt.

»Eine mächtig kreative Meditation über das Unvermögen des Schaffens ...«, so charakterisierte Christian Metz *Otto e mezzo,* – den Film, der ursprünglich (der Titel stammt von Flaiano) »La bella confusione« (Das schöne Durcheinander) heißen sollte. Wie immer hatte Fellini eine Idee, viele Ideen, die alle mit einer einzigen zentralen, aber anfangs noch nicht völlig klaren Idee zusammenhingen.» Der Protagonist sollte ein ›Typ‹ sein (ein Schriftsteller, irgendein Freischaffender, ein Theaterunternehmer?), (...) der aus Gesundheitsgründen etwa zwei Wochen lang seinen normalen Lebensrhythmus unterbrechen muß. Es ist keine ernsthafte Erkrankung, mehr ein Alarmsignal des Organismus, daß irgend etwas nicht mehr so reibungslos funktioniert. Er soll sich nun zwei Wochen lang im Thermalbad Chianciano erholen. (...) Er hat eine Frau, eine Geliebte und verfügt über ein weitgespanntes Netz von Beziehungen, in dem er wie eine Fliege im Spinnennetz zappelt. Doch ohne diese Beziehungen würde er wahrscheinlich ins tiefste Nichts fallen, da er das Gefühl hat, nirgendwo verankert zu sein. Die vollständige Verfügbarkeit seines Wesens hat sich mit der Zeit als eine Art entsetzlicher

›Achteinhalb‹: Marcello Mastroianni

Wahn erwiesen – ohne Sinn und Zweck. Wozu versuchen, Ordnung zu schaffen? Wäre es nicht sinnvoller, sich mit der ganzen eigenen Vitalität in diese Art phantastischen Balletts einzufügen und nur zu versuchen, intuitiv den richtigen Rhythmus zu erkennen?« Dies ist – zumindest fast – der Anfang eines langen Briefes, den Fellini an Brunello Rondi (der später einer der Drehbuchautoren sein wird) schrieb und dessen Inhalt in »Fare un film« wiedergegeben wird – zuvor schon in Camilla Cedernas amüsantem Vorwort zu dem bei Cappelli erschienenen Buch über *Achteinhalb*. In diesem Brief – einem Ergebnis von Fellinis Einfällen und Überlegungen nach einem Aufenthalt im Thermalbad Chianciano (wie sein Protagonist) und einer mehrtägigen Begegnung mit Flaiano in Fregene – sind schon viele Figuren und viele grundlegende Motive des späteren Films enthalten: etwa die Einsamkeit, die Unsicherheit, der stumme Schrecken vor den Dingen, die getan werden müssen. Im Brief tauchen der Arzt, der die Hauptfigur untersucht, und die Geliebte auf. (»Die Geliebte« – schreibt Fellini – »ist selbstverständlich eine hübsche, dralle Person mit dickem Popo, weißer Haut und einem winzigen Köpfchen. Sie ist träge und gutmütig, dem Anschein nach die ideale Geliebte, weil sie dem Mann nicht auf den Wecker geht und sich sehr demütig und fügsam gibt. Sie ist verheiratet. Von ihrem Ehemann spricht sie immer mit großer Zuneigung und möchte, daß der Protagonist eine Anstellung für ihn findet. [...] Die Beziehung der Hauptfigur zu diesem friedfertigen Dickerchen ist von einem dumpfen körperlichen Wohlbefinden bestimmt; es ist, als sauge man eine wohlschmeckende Nahrung aus der Brust einer milden Amme, um dann satt und wunschlos einzuschlafen. Die Frau redet viel, doch ihr Geplapper ist nicht entnervend, da sie ein freundliches Stimmchen hat, das nicht störend wirkt. Man muß ihr nur dann und wann zulächeln, ohne überhaupt zuzuhören, dann ist sie ganz zufrieden.« Das ist schon die vollständige Beschreibung der von Sandra Milo verkörperten Figur.) Im Brief finden wir auch die Figur des Mäd-

›*Achteinhalb*‹

chens aus dem Thermalbad (» ... stell' dir Claudia Cardinale vor – schön, blutjung und dennoch reif, innerlich gefestigt [...], sie verkörpert die unverfälschte Natur, doch der Held ist nicht mehr imstande, auf dieses Angebot einzugehen ...«). Auch die Figur des Freundes mit seinen Problemen ist schon skizziert. (» ... ein Intellektueller um die sechzig, [...] er hält

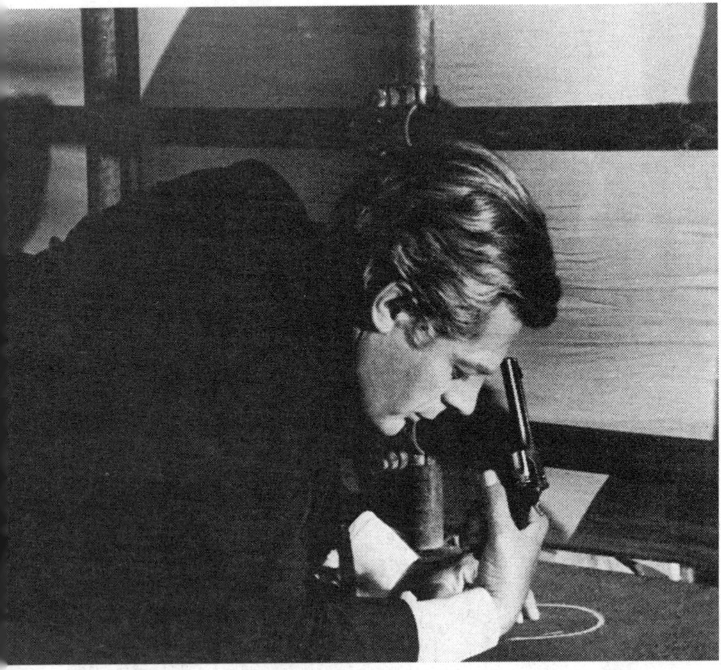

›Achteinhalb‹

sich in Chianciano auf zusammen mit seiner blutjungen Freundin, für die er die Ehefrau nach vierzigjähriger Ehe verlassen hat …«. Mario Pisu wird die leicht veränderte Rolle verkörpern.) Das Paar mit telepathischen Fähigkeiten und der Bischof werden ebenfalls schon erwähnt. (» … über die Figur [des Bischofs] bin ich mir noch sehr im unklaren […], vielleicht unterhalten er und der Protagonist sich an einem Abend. Ich weiß aber noch nicht, was sie sich zu sagen hätten …«) Auch die Gestalt der Ehefrau, die im Film von Anouk Aimée verkörpert wird, ist angedeutet. (»Sie ist eine der wichtigsten Figuren des Filmes. Sie und der Protagonist unterhalten eine herzzerbrechende und auf ihre Art sehr zärtliche Beziehung. Beide glauben, sich um ihrer Seelenruhe willen meiden zu müssen, doch kaum sind sie fern voneinander, suchen sie sich wieder und leben wieder zusammen. Sie sprechen unentwegt von einer Trennung, doch ohne Überzeugung – wie zwei Sträflinge, die über ihren Ausbruch aus dem Gefängnis diskutieren.«) In dem Brief enthalten sind außerdem Saraghina (» ... ein abscheulicher, prachtvoller Drachen, der die erste traumatische Vision der Sexualität im Leben des Protagonisten darstellt«) und auch das »Haremshaus« – eine Fellini-Definition – (» ... die mittlerweile unvermeidliche Szene des Haremshauses mit all seinen Frauen – einschließlich der Ehefrau: eine näht, eine hält sich in der

So sehen, wenn man Fellini glauben will, die Dreharbeiten zu einem Mammutfilm aus: eine Szene aus ›Achteinhalb‹

Küche auf, zwei sehen fern«). Kurz und gut – wir finden in dem Brief fast schon den ganzen Film vor, so wie wir ihn später kennengelernt haben. Es fehlt nur noch die Leitidee. Dabei war der ursprüngliche Einfall, der den ganzen Film prägt, von geradezu verblüffender Selbstverständlichkeit: Ein Filmregisseur gerät in eine Krise, und zwar bei dem Gedanken an die praktische Verwirklichung eines Films: bei der Vorstellung, mit den Dreharbeiten zu beginnen, die anfangs tatsächlich witzigen Einfälle vor der Kamera zu konkretisieren, darüber mit dem Produzenten zu sprechen, mit den Technikern zu planen, kurz und gut, so zu tun, als sei man wirklich von dem überzeugt, was man da inszeniert …

Jedermann hat Vorlieben für bestimmte Filme, und selbst für einen Fellini-Verehrer gibt es da Unterschiede: Einige sagen ihm mehr zu, andere weniger. Was mich betrifft, so meine ich, daß mein Eindruck von diesem Film unverändert geblieben ist – von dem Augenblick an, da ich der Uraufführung beiwohnte. Es ist eine Art belustigte Anteilnahme, die Genugtuung, auch da zu Fellini zu stehen, wo sein Zauber nicht so überzeugt, der trotz allem faszinierende Genuß einer überzüchteten, schlauen, schillernden und barocken Schaffensfreude gegenüberzustehen – der Film als eine riesige Jahrmarktbude, in der man Filme produziert und wo sich auf süditalienische Weise besorgte Produzenten und verbissene Intellektuelle herumtreiben, außerdem Techniker in Unterhosen, die in den Räumen der Filmproduktion mit der selbstzufriedenen und zugleich spitzbübischen Miene umherschwirren, sowie Handelsreisende, die anstößige Witze erzählen. Und vergessen wir nicht die unvermeidlichen »Ohrwürmer« von Nino Rota, der von *Lo sceicco bianco* bis einschließlich *Prova d'orchestra* für alle Fellini-Filme die Musik komponierte. Zu den bekanntesten Filmkompositionen Nino Rotas gehören das Leitmotiv von *La Strada* und die Musik für *Achteinhalb*. Nino Rota (1911–1979) hat Filmmusik auch für viele andere berühmte Regisseure geschrieben: so für Castellani, Minicelli, Lattuada, Visconti und Soldati – um nur einige zu nen-

Claudia Cardinale in ›Achteinhalb‹

nen; sein Name jedoch bleibt untrennbar mit dem Fellinis verbunden. *(c.g.f.)*

Kritik: »Wir finden hier die meisten Themen aus Fellinis früheren Filmen wieder. Das Thema der Kommunikation und der Mitteilbarkeit aus *La Strada* (Guidos Ehefrau nennt ihn ironisch einen ›Propheten, der das Volk ansprechen möchte‹ – dabei ist er unfähig, die Wahrheit zu sagen); ferner die Themen Religion und Glauben, die als moralische und soziale Phänomene gesehen werden, als ein Erziehungssystem, das Fellini niemals müde geworden ist in Frage zu stellen. Der Kritiker aber wirft Guido vor, sich unwillkürlich zum Komplizen einer Sache zu machen, die er an den Pranger stellen will; in *Achteinhalb* scheint allerdings die religiöse Beunruhigung keine Rolle zu spielen. Weitere Themen sind die Kindheit, die

Jugendzeit, die Langeweile und Erbärmlichkeit der Provinz: Guido trifft ein armes Mädchen wieder, das er in einem Kino in Bologna kennengelernt hatte – ein Mädchen, das an die armseligen Revuetänzerinnen der Wandertruppe in *Luci del varietà* und an *I vitelloni* erinnert. Verzweiflung, Tod und Selbstmord, Themen, die mehr oder weniger in all seinen Filmen wiederkehren, spielen eine Rolle – und nicht zu vergessen der Reinheitswahn: Die wundervolle Figur Claudias, ein Symbol der Reinheit, erinnert an die junge Kranke, die in *Il bidone* die Niedertracht der Gauner entwaffnet, oder an das Mädchen, das zum Schluß in *La dolce vita* erscheint. Trotz alledem gibt es in *Otto e mezzo* auch ganz neue Aspekte: Überschwenglichkeit, Sicherheit und Lebensfreude, die, trotz verbaler Unterbrechungen und flüchtiger Ängste, das Werk von Anfang bis Ende erfüllen ...«

Marcel Martin, »Cinéma« 63, 78, Paris, Juli/August 1963

»Fellinis Protagonist ist ein Erotomane, ein Sadist, ein Masochist, ein Mythomane, ein Lebensfeigling, ein Mutterbrust-Nostalgiker, ein Narr, ein Schwindler und Betrüger. In einigen Punkten ähnelt er Leopold Bloom, dem Helden in James Joyces ›Ulysses‹, einem Buch, das Fellini offensichtlich gelesen und über das er nachgedacht hat. Der Film ist vollkommen introvertiert – an sich ein Monolog, nur gelegentlich kurz von der Wirklichkeit unterbrochen. Fellini verdeutlicht die Neurose des Unvermögens mit einer geradezu klinischen, bisweilen sogar unfreiwilligen Präzision. (...) Fellinis Träume sind stets überraschend und vom Darstellerischen her originell. In den Erinnerungen aber wird ein feinfühligeres und tieferes Gefühl spürbar. Aus diesem Grund sind die beiden Kindheitsepisoden im bäuerlichen romagnolischen Anwesen und die Jugendzeitepisode, in der die erste Begegnung mit der Frau am Strand beschrieben wird, die schönsten des Films, ja sie zählen überhaupt zu den schönsten im gesamten Filmwerk Fellinis ...«

Alberto Moravia, »L'Espresso«, Rom, 17. Februar 1963

Giulietta degli spiriti (Julia und die Geister)
Italien/Frankreich 1965
Regie: Federico Fellini; *Drehbuch:* Federico Fellini, Tullio Pinelli, Ennio Flaiano, unter Mitarbeit von Brunello Rondi; *Kamera:* Gianni Di Venanzo; *Schnitt:* Ruggero Mastroianni; *Ausstattung und Kostüme:* Piero Gherardi; *Musik:* Nino Rota; *Regieassistenz:* Francesco Aluigi, Liliana Betti und Rosalba Zavoli; *Produktion:* Angelo Rizzoli für Federiz (Rom), Francoriz (Paris) – Erster italienischer *Verleih:* Cineriz – Freigegeben am 23. September 1965 – *Länge:* 129 Minuten.
Darsteller und Personen: Giulietta Masina (Giulietta Boldrini), Mario Pisu (Giorgio, der Ehemann), Sandra Milo (Susy, Iris, Fanny), Valentina Cortese (Valentina), Caterina Boratto (Giuliettas Mutter), Lou Gilbert (Giuliettas Großvater), Sylva Kescina (Sylva, Giuliettas Schwester), Luisa della Noce (Adele, Giuliettas Schwester), José de Villalonga (José, der romantische Kavalier), Valeska Gert (Bhishma, die Sehe-

›Julia und die Geister‹

rin), Silvana Jachino (Dolores), Fred Williams (arabischer Prinz), Milena Vukotic (Giuliettas Dienstmädchen und »die Heilige«), Alba Cancellieri (Giulietta als Kind).

Handlung: Giulietta, eine Dame des gehobenen römischen Mittelstandes, verbringt den Sommer in ihrer schönen Villa in Fregene. Sie ist von Nonnen erzogen worden. Zur Feier des Geburtstages ihres Mannes Giorgio, eines erfolgreichen Public-Relations-Mannes, organisiert sie ein Fest in ihrer Villa. Im Laufe dieses Festes kommt es zu einer spiritistischen Sitzung und der Beschwörung zweifelhafter erotischer Gespenster (Iris und Olaf). Olaf beschreibt Giulietta als eine einsame und verlassene Person und verschärft dadurch ihre Identitätskrise, die sich zum Konflikt auswächst, als Giulietta den Verdacht schöpft, ihr Ehemann betrüge sie. Giulietta hat niemanden, dem sie sich anvertrauen kann: Ihre Mutter beschäftigt sich nur mit dem eigenen Äußeren, und die beiden Schwestern sind oberflächliche Gänschen. Sie wendet sich hilfesuchend an eine orientalische Seherin. Doch daraus wird eine Enttäuschung. Die romantischen Schmeicheleien eines Freundes von Giorgio erweisen sich als ebenso unnütz wie die Entscheidung, den Ehemann beschatten zu lassen und dadurch die Gewißheit zu erhalten, daß er sie betrügt. Giuliettas Krise ist tief in ihrem Inneren begründet: in den Widersprüchen zwischen der Anständigkeit, die ihr dank ihrer katholischen Erziehung zu eigen ist, und den Versuchungen eines zügellosen Lebens. Letztere erfährt sie am Beispiel ihrer Nachbarin Susy. Die lädt sie in ihre Villa ein, aus der sie einen »Sextempel« gemacht hat. Anfangs bemüht sich Giulietta, der Versuchung zu widerstehen. Als ihr aber der Detektiv, den sie auf ihren Mann angesetzt hat, die befürchteten Beweise der Untreue liefert, ist sie so erschüttert und verwirrt, daß sie Susys Einladung folgt. Sie zieht sich sorgfältig an, schminkt sich und begibt sich zur Villa. Doch sie ergreift, von Schuldgefühlen gepeinigt, abermals die Flucht. Giulietta ist nun an den Rand des Wahnsinns geraten. Ihre Phantasie beschwört die Erinnerung an eine kindliche Theateraufführung

›Julia und die Geister‹: Sandra Milo

herauf: In ihr spielt sie die Rolle einer jungfräulichen Märtyrerin, wird aber gleichzeitig von Bildern unkeuscher Gespenster verfolgt. Es gelingt ihr zu reagieren. Sie sucht eine Psychiaterin auf, versucht, mit der Geliebten ihres Mannes zu sprechen und findet endlich die Kraft, Giorgio aus ihrem

Rückblick in die Kindheit einer betrogenen Frau: ›Julia und die Geister‹

Leben zu bannen. In der Einsamkeit ihres großen Hauses kämpft Giulietta einen harten Kampf gegen die Versuchungen, gegen den Zwang der Verhältnisse und gegen die Gespenster, die ihr zusetzen. Sie gewinnt. Weißgekleidet geht Giulietta hinaus in den Wind, der vom Meer her weht.

In seiner Kritik zu diesem Film schreibt Jean Louis Bory den bedeutungsvollen Satz: »Der Engel des Bizarren verwirrt den Engel der priesterlichen Ikonographie.« Diese Worte erscheinen mir als hervorragende, zutreffende Charakterisierung eines Filmes, der vielen mißfallen, der aber den echten Fellini-Fans all die kleinen und großen Manien des Regisseurs gebündelt vor Augen geführt hat. Da ist wieder die ewig glitzernde Traumwelt, köstlich bebildert durch die Farbfotografie Gianni Di Venanzos (einer der großen Kameramänner des italienischen Films), wobei die Farbe hier nur Selbstzweck ist, eine einzige prachtvolle, ganz persönliche Selbstdarstellung.

Giulietta degli spiriti ist wahrscheinlich Fellinis persönlichster Film, in dem die üblichen Zaubermittel des Regisseurs zur vollkommenen Abstraktion geraten, zum amüsierten Ausdruck der Lust an einer Traumwelt, bevölkert von wunderschönen Geliebten, glänzenden Gärten mit perfekt gepflegten Rasenflächen, von sanftmütigen Dienstmädchen und geheimnisumwitterten spanischen Freunden (die bedeutungsvollste Gestalt des Filmes ist also weder Sandra Milo noch Valentina Cortese usw., sondern ausgerechnet José-Luis de Villalonga, ein alles andere als mittelmäßiger Romanschriftsteller, ein spanischer Grande im Exil, den der französische Film einige Jahre lang als eine Art »Super-Luxus-Komparse« lanciert hatte – »ein Mann, der Charme ausstrahlt«). In *Giulietta degli spiriti* hat Fellini sehr interessante und vielsagende

Giulietta Masina in ›Julia und die Geister‹

Erklärungen abgegeben, die allerdings so ausführlich und detailliert sind, daß man sie hier nicht aus dem Zusammenhang gerissen und ausschnittsweise wiedergeben kann, ohne den Sinn zu verfälschen. Hierzu verweise ich auf die maßgebliche Quelle, d. h. »Fare un film«, und außerdem auf ein Interview von Tullio Kezich, das zuerst in dem *Giulietta degli spiriti* gewidmeten Band bei Cappelli erschien und später in »Fare un film« wiedergegeben wurde. In diesem Interview betont Fellini, daß der Film »über Giulietta und für Giulietta« entstanden und daß ihm dieser Einfall zum ersten Mal während der Dreharbeiten zu *La Strada* gekommen sei, als er in einer Klosterbibliothek auf das Tagebuch einer Nonne stieß (besser, eines »Nönnchens«, wie Fellini, der die Verniedlichungsform liebt, sich ausdrückt). Später wollte Fellini einen Film über das Medium Eileen Garret drehen, doch er gab dieses Projekt aus mehreren Gründen wieder auf – unter anderem wegen des Unvermögens, ein echtes Lebensbild zu schaffen, das mit all den Besonderheiten befrachtet wäre, die die Biographie eines Mediums mit sich bringt. Als nächstes beabsichtigte er, Giulietta in verschiedenen Rollen in einem Film auftreten zu lassen: als »Verseiferin«, eine geizige und herrschsüchtige Frau, als Chiromantin, als Milliardärin usw. Das Ergebnis all dieser zahlreichen Ideen war zu guter Letzt (und dank der bewährten Mitarbeit von Pinelli, Flaiano und Rondi) Giulietta mit ihren Geistern, ihren Träumen und ihren Visionen. Ein Film mit den typischen Bildern der Fellinischen Mythologie, die merkwürdigerweise häufig aus verschiedenen und gegensätzlichen Gründen abgelehnt wird: Sie sei zu zauberhaft, zu fellinisch, zu gedämpft, zu sehr angereichert mit kindlichen Symbolen (Kinder, Nönnchen, Clowns, Musikanten, Kinderträumen), zu mystisch, zu atheistisch, zu verschlagen, zu deutlich – kurz und gut: zuviel von allem. Zum Glück schert sich Fellini, obwohl er alles, was über ihn geschrieben und gesagt wird, sehr genau zur Kenntnis nimmt, im Grunde keinen Deut um diese Meinungen und setzt unbeirrt seinen Weg fort. *(c.g.f.)*

›Julia und die Geister‹

Kritik: »Es hätte eine schmucklose, durchaus nicht verinnerlichte Geschichte sein können, doch in Fellinis Händen gerät sie zu einer Phantasmagorie der Formen und Farben, welche die Gedanken, Erinnerungen, Träume und Visionen der Protagonistin objektivieren – einer Figur, von der es nicht feststeht, ob es sich stets um Signora Giulietta handelt, ob sie nicht streckenweise zur Figur des seine Stellung mißbrauchenden Regisseurs wird. Wir stehen also wieder vor einer bemerkenswerten Probe der ungestümen, barocken Phantasie Fellinis und zugleich einer wundervollen Fähigkeit, die Welt in eine filmische Vision zu verwandeln. Das gelingt in diesem Fall besonders prächtig durch die Verwendung der Farbe, die er zum ersten Mal und, man kann es ruhig sagen, mit überraschenden Effekten einsetzt. Es ist aber auch ein statischer Film, der die verschiedenen Motive des Regisseurs in sich vereint (von *Lo sceicco bianco* bis *Achteinhalb*), ohne sie zu transzendieren. Die Perspektive des Künstlers wird nicht verändert und wirkt deswegen etwas matt ...«

Leo Pestelli, »La Stampa«, Turin, 29. Oktober 1965

»Die typischen Pluspunkte des Filmes sind: eine frenetische Kamera, sich überstürzende Bilder und außerdem eine virtuose Beherrschung von Farbe und Licht – der Film eines Meisters, nicht nur im Verhältnis zu *Achteinhalb,* dem unmittelbar vorangegangenen Werk Fellinis, sondern auch gegenüber *Citizen Kane* von Orson Welles oder *Letztes Jahr in Marienbad* von Resnais, in deren Nähe man den Film ansiedeln kann. Er bewegt sich frei und vielsagend in Zeit und Raum, in Wirklichkeit und Erinnerung ...«

Gordon Gow, »Films and Filming«, London, April 1966

Tre passi nel delirio
Italien/Frankreich 1968
Dritte Episode (Toby Damnit)
Regie: Federico Fellini; Drehbuch: Federico Fellini und Bernardino Zapponi, frei nach der Erzählung von Edgar Allan Poe »Wette nicht den Kopf mit dem Teufel«; *Kamera:* Giuseppe Rotunno; *Schnitt:* Ruggero Mastroianni; *Ausstattung und Kostüme:* Carlo Leva und Piero Tosi; *Musik:* Nino Rota; *Regieassistenz:* Eschilo Tarquini, Francesco Aluigi und Li-

liana Betti; *Produktion:* Alberto Grimaldi und Raymond Eger für P.E.A. (Rom), Les films Marceau (Paris), Cocinor (Paris) – Erster italienischer *Verleih:* P.E.A. – Freigegeben am 24. Juli 1968 – *Länge:* 37 Minuten.

Darsteller und Personen: Terence Stamp (Toby Damnit), Salvo Randone (Peter Spagna), Antonia Pietrosi (Schauspielerin), Polidor (alter Schauspieler), Anne Tonietti (Fernsehsprecherin), Fabrizio Angeli (erster Regisseur), Ernesto Colli (zweiter Regisseur), Aleardo Ward (erster Interviewer), Paul Cooper (zweiter Interviewer), Marisa Traversi, Rick Boyd und Mimmo Poli (Festteilnehmer), Marina Yaru (kleines Mädchen).

Die beiden anderen Episoden des Filmes sind: »Metzengerstein« von Roger Vadim und »William Wilson« von Louis Malle.

Handlung: Toby Damnit ist ein von Alkohol und Drogen zerstörter junger englischer Schauspieler. Er trifft in Rom ein, wo er als Hauptdarsteller im ersten »katholischen Westernfilm« mitwirken soll. Um ihn herum dreht sich das übliche Werbekarussell: Fotografen, Journalisten, Produzenten, kirchliche Würdenträger, die man eigens für das Ereignis in Bewegung gesetzt hat. Toby Damnit wird zu Massenveranstaltungen, mondänen Festen, Modeschauen und Preisverleihungen geschleppt, doch er gibt sich nicht einmal die Mühe, seine düstere Teilnahmslosigkeit zu verbergen. Nur ein einziges Mal belebt sich sein Blick, und zwar als ihm ein geheimnisvolles kleines Mädchen einen Ball zuwirft, damit er mit ihr spiele. Dann kehrt die Langeweile zurück. Irgendwann hat der Schauspieler, der im Fernsehen erklärt hat, er glaube nur an den Teufel, einen Ausfall: Er beschimpft die Anwesenden und braust mit dem Sportwagen davon, den ihm die Produzenten geschenkt haben. Er durchquert mit einer irrsinnigen Geschwindigkeit das Zentrum und die Vororte Roms. Die Nacht bricht herein. Toby Damnit achtet nicht auf die Gefahrenschilder, die vor einer eingestürzten Brücke warnen. Er folgt dem Ruf des teuflischen kleinen Mädchens. Ein Stahl-

drahtseil, das ihm glatt den Kopf vom Leibe abtrennt, beendet Tobys irre Fahrt. Das kleine Mädchen läuft und hebt den Kopf, der auf eine Wiese gerollt ist, wie einen Ball auf.
»Toby Damnit« entstand – wie immer bei Fellini – erst nach einer Serie von Abenteuern und Mißgeschicken mit den Produzenten, und zwar in einer Schaffenspause, in der Fellini sich seinem alten und mittlerweile schon sagenhaften Projekt »Viaggio di G. Mastorna« (das in regelmäßigen Abständen in seiner »inexistenten« Filmographie mit der Hartnäckigkeit eines englischen Schloßgespenstes wiederkehrt) erneut zugewandt hatte. »Toby Damnit« war als Teil eines gemeinsamen Werkes mehrerer Regisseure gedacht. Als Vorlage für alle Episoden sollten Erzählungen von Edgar Allen Poe dienen. Ursprünglich hatte der Produzent Raymond Eger an eine Art hochrangige »Anthologie« mit mindestens sieben verschiedenen Regisseuren gedacht. Von den sieben vorgesehenen Episoden wurden dann aber nur drei verwirklicht: Der Vollständigkeit halber will ich hier auch die vier nicht verfilmten Episoden und ihre Regisseure nennen. Nämlich: Joseph Losey für »Der Vertrag«; Claude Chabrol für »Das System des Dr. Teer und des Prof. Feder«; Orson Welles für eine Zusammenfassung der beiden Erzählungen »Die Maske des roten Todes« und »Das Faß Ammontillado« sowie Luchino Visconti, ebenfalls für eine Zusammenfassung der Erzählungen: »Der Schauspieler von Maelzel« und »Das verräterische Herz«. In ihrem Fellini-Beitrag zu dem bei Cappelli über den Film *Tre passi nel delirio* erschienenen Buch schreibt Liliana Betti ausführlich über all die Schwierigkeiten, die letztlich zum Scheitern des ursprünglichen Filmprojekts führten. Liliana Betti erzählt aber unter anderem auch, wie es zu Fellinis Bekanntschaft mit dem Drehbuchautor Zapponi kam. Zapponi hatte gerade eine Geschichtensammlung unter dem Titel »Global« veröffentlicht. Fellini, der die Regie zur Verfilmung der ihm ursprünglich angebotenen Edgar-Allen-Poe-Erzählung »Das verräterische Herz« abgelehnt hatte, begeisterte sich für die Zapponi-Erzählung »Es gibt eine Stimme in mei-

nem Leben«. Er nahm daraufhin den Kontakt zu den französischen Produzenten wieder auf und unterbreitete ihnen seinen Vorschlag. Es stellte sich jedoch heraus, daß ein anderer italienischer Regisseur die Filmrechte an der Zapponi-Erzählung bereits erworben hatte. Fellini schlug dann eine weitere Zapponi-Erzählung, »L'autista«, vor, doch die Franzosen lehnten ab und bestanden auf einer Poe-Geschichte. Endlich gab Fellini nach. Er wählte – so Liliana Betti – eine der düstersten und konventionellsten Erzählungen aus, »Die Scheintoten«, und formte sie zu einer blutigen Farce um, in der die ganze Fülle seiner Phantasie zum Ausdruck kam. Da dieser Vorschlag ebenfalls auf Ablehnung stieß, griff Fellini wieder auf »Wette nicht mit dem Teufel um deinen Kopf« zurück. Diesmal wurde der Vorschlag angenommen, und Fellini begann sofort mit der Gestaltung des Drehbuchs. Das Ergebnis war – wie Liliana Betti schreibt –, »daß nach zwei Monaten voller Zweifel, Hypothesen, aufgegriffenen und sogleich wieder verworfenen Ideen, nach unersättlichen, teils fröhlichen, teils streitigen Nachforschungen von der eigentlichen Poe-Erzählung nicht viel mehr als der Titel, eine Brücke und eine übertriebene Wette übrigblieb«. Nun begann die wie immer hektische Endphase. Fellini hatte seine Episode ganz auf den Schauspieler Peter O'Toole als Hauptdarsteller zugeschnitten, doch nach Probeaufnahmen, Kontakten, Verhandlungen jeder Art (und nachdem auch Richard Burton und Marlon Brando im Gespräch waren) bekam Terence Stamp die Rolle. Zwei Tage vor dem Beginn der Dreharbeiten schien alles wieder in Frage gestellt. Dino de Laurentiis rief Fellini an und bot ihm die Regie für den Film »Waterloo« an – eine Art Film, von dem man niemand gedacht hätte, man könne Fellini mit der Regie beauftragen. Fellini war baß erstaunt, fasziniert und hingerissen, lehnte aber verständlicherweise das verlockende Angebot ab und begann mit den vorgesehenen Dreharbeiten, die sechsundzwanzig Tage lang dauerten. Liliana Betti erzählt noch folgendes: Nachdem der Film abgedreht und die Montage fast beendet war, äußerte sich Fellini Nino

Rota gegenüber begeistert über Poe und erzählte ihm, er habe die Erzählung »Wette nicht mit dem Teufel um deinen Kopf« am Abend zuvor zum ersten Mal gelesen. *(c.g.f.)*

Kritik: » ... Zwei Elemente, das makabre und das phantastische – beide Bestandteil der beständigen Thematik Fellinis –, bilden das Grundmuster dieser Episode. Neu allerdings ist der tragische Akzent. Da Fellini allen seinen Werken einen autobiographischen Zug verleiht, muß man dieses als Zeichen dafür werten, daß seine kürzlich überstandene Krankheit nicht spurlos an ihm vorbeigegangen ist. Seine Phantasie hat eine düstere Färbung gewonnen, und seine ›Monster‹-Galerie wirkt nun unheimlich und finster. Fellini hat zwar seine gewohnten Erzählmuster, seine ausdrucksvollen Gestalten und sogar Nino Rotas musikalische Themen beibehalten, doch sie sind nicht mehr Symbole einer durch Trauer und Hoffnung noch umkehrbaren Wirklichkeit, sondern sie bilden die fürchterliche Substanz einer unerträglichen, da jeder Hoffnung beraubten Lebensweise ...«

Giovanni Grazzini, »Corriere della Sera«,
Mailand, 18. Mai 1968

Block-notes di un regista

USA 1969
(Fellini: A Director's Notebook)

Regie: Federico Fellini; *Drehbuch:* Federico Fellini, Bernardino Zapponi; *Kamera:* Pasquale De Santis; *Schnitt:* Ruggero Mastroianni; *Musik:* Nino Rota; *Regieassistenz:* Maurizo Mein, Liliana Betti; *Produktion:* Peter Goldfarb für NBC – *Länge:* 60 Minuten.

Darsteller und Personen: Federico Fellini, Giulietta Masina, Marcello Mastroianni, Caterina Boratto, Marina Boratto, David Maumsell, Prof. Genius, Cesarino, Gasparino, Bernardino Zapponi, Lina Alberti (alle sich selbst darstellend) und zahlreiche Laiendarsteller.

Kritik: »Ein amerikanischer Chemiekonzern, die ›Burlington Industries‹, hatte sich seinerzeit (aus Werbegründen) und mit Erfolg um die Finanzierung eines besonders interessanten Fernseh-Specials im Rahmen einer NBC-Sendung bemüht. Es ging um ein Interview mit Federico Fellini über seine poetische Welt, über seine aufgegebenen Projekte (›Il viaggio di G. Mastorna‹) und über seinen damals aktuellen Film *(Satyricon)*. (...) Als die Auftraggeber sich mit dem sechzig Minuten langen Film *Fellini, A Director's Notebook* konfrontiert sahen, d. h. mit den üblichen Figuren der Fellinischen Phantasiewelt (Dirnen, Riesenweibern, Clowns, Homosexuellen usw.), zogen sie ihre Beteiligung an der Finanzierung zurück. Um die Sendung nicht platzen zu lassen, sah sich die NBC also gezwungen, als Finanzier einzuspringen. Was war geschehen? Das, was ursprünglich nur als ein langes und ausführliches Interview mit Fellini geplant war, hatte sich zu einem echten Fellini-Fernsehfilm gemausert. Zu einer Betrachtung des eigenen moralischen und poetischen Weltbildes gezwungen, hatte Fellini die Sache in die Hand genommen und ein wundervolles Selbstporträt entworfen, das zweifelsohne nur sparsam autobiographische Hinweise, Klatsch, Merkwürdigkeiten und Enthüllungen (das, was die Auftraggeber an sich wollten) enthielt, das aber andererseits weitaus mehr über ihn aussagte als ein in raffiniertester Mäeutik geführtes Interview. (...) Tatsächlich enthält das Fellinische *Notebook* einige selten schöne Sequenzen – z. B. die Bilder mit den Resten der Bauten und des Raumschiffes für das ›Mastorna‹-Projekt; die Suche nach altrömischen Typen unter den kraftstrotzenden römischen Männern aus dem Volke; ein nächtlicher Besuch im Kolosseum; ein normaler Arbeitstag des Regisseurs in seinem Büro, in dem er alte und neue Bekannte empfängt, die eine Komparsen-Rolle in seinem nächsten Film anstreben. In diesem Film versucht Fellini durchaus nicht, sich selbst zu offenbaren, er ist allenfalls bemüht, seine phantastische Welt zu objektivieren. Auf diese Weise entdekken wir, daß die verblühten Gesichter, die erschlafften, müden Körper, die erloschenen Blicke, die wilden vitalistischen Anwandlungen, die zwanghaften surrealistischen Visionen, der Sex und die Einsamkeit, die Ironie und die Zärtlichkeit in Fellinis filmischer Aussage die einzige Art darstellen, in der er die Wirklichkeit sehen kann, d. h., er hat den beklemmenden, unwiderstehlichen Drang zu deformieren ...«

Lino Miccichè, »Avanti!«, Rom, 7. Mai 1969, nun in »Cinema italiano degli anni '70«, Marsilio Editori, Venedig 1980, S. 35–37

Fellini-Satyricon (Fellini's Satyricon)
Italien/Frankreich 1969
Regie: Federico Fellini; *Drehbuch:* Federico Fellini, Bernardino Zapponi, frei nach Petronius Arbiter; *Kamera:* Giuseppe Rotunno; *Schnitt:* Ruggero Mastroianni; *Kostüme und Ausstattung:* Danilo Donati; *Musik:* Nino Rota; *Regieassistenz:* Maurizio Mein, Liliana Betti, Lia Consalvo; *Produktion:* Alberto Grimaldi für P.E.A. (Rom), Les Productions Artistes Associés (Paris) – Erster italienischer *Verleih:* P.E.A. – Freigegeben am 3. September 1969 – *Länge:* 138 Minuten.
Darsteller und Personen: Martin Potter (Encolpio), Hiram Keller (Ascilto), Max Born (Gitone), Salvo Randone (Eumolpo), Mario Romagnoli (Trimalcione), Magali Noël (Fortunata), Capucine (Trifena), Alain Cuny (Lica), Fanfulla (Vernacchio), Danika La Loggia (Scintilla), Giuseppe Sanvitale (Abinna), Genius (reichgewordener Freigelassener), Lucia Bosè (Selbstmörderin), Joseph Wheeler (Selbstmörder), Hylette Adolphe (junge Sklavin), Tanya Lopert (der Kaiser), Gordon Mitchell (der Räuber), Luigi Montefiori (Minotaurus), Marcello Di Falco (Prokonsul), Elisa Mainardi (Arianna), Donyale Luna (Enotea), Carlo Giordana (der Schiffskapitän), Pasquale Baldassarre (Hermaphrodit).
Handlung: Ascilto und Encolpio, zwei junge Römer, sind beide in den flatterhaften Gitone verliebt. Auf der Suche nach dem Lustknaben, der ihm von seinem Freund geraubt wurde, begibt sich Encolpio zu den Thermen und erfährt, daß der Junge an den Schauspieler Vernacchio verkauft worden ist. Im Theater, wo Vernacchio gerade eine unanständige Pantomime vorführt, gelingt es Encolpio, des Geliebten habhaft

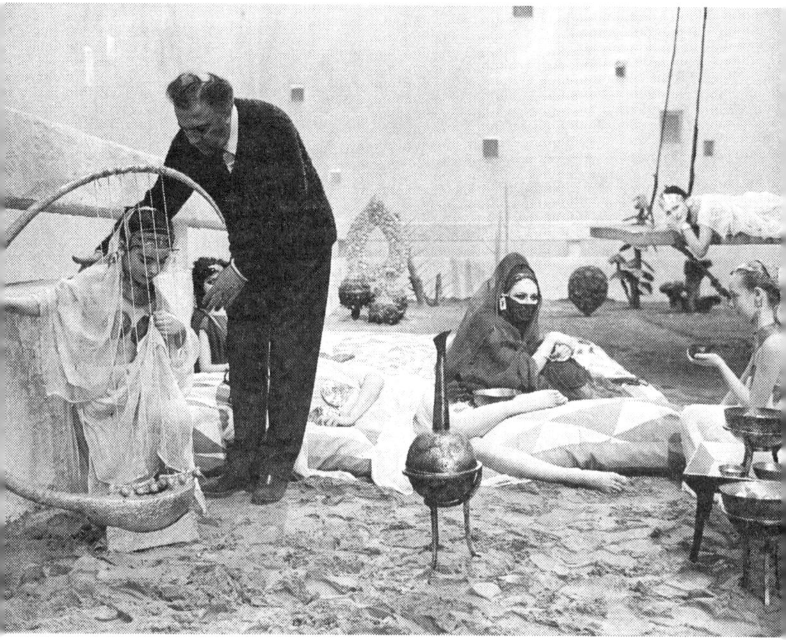

Fellini rückt bei den Dreharbeiten zu ›Satyricon‹ das letzte Detail zurecht

zu werden. Die beiden suchen Zuflucht in einem Palast, der von lasterhaften Menschen bewohnt wird. Dort stößt Ascilto zu den beiden und Gitone erklärt, er ziehe ihn Encolpio vor. Letzterer spielt mit dem Gedanken an Selbstmord, doch ein Erdbeben zerstört den Palast. Encolpio, der Gefahr entronnen, begegnet dem alten Dichter Eumolpo, der ihn in das Haus des reichgewordenen Freigelassenen Trimalchon begleitet. Trimalchon feiert gerade ein großartiges und vulgäres Gastmahl. Eumolpo wird bis aufs Blut geschlagen, und Trimalchon führt seine Gäste zu seinem Grabmal. Auf dem Schiff des im Dienste des Kaisers stehenden Piraten Lica wird Encolpio zum Sklaven gemacht und begegnet erneut Gitone und Ascilto. Gitone wird gezwungen, sich mit einem kleinen Mädchen zu paaren, und Encolpio, von Lica im Zweikampf

Drastischer kann man Dekadenz und Sittenverfall nicht veranschaulichen: (Fellini's) ›Satyricon‹

besiegt, wird von diesem zu seinem Bräutigam gemacht. Aufständische Soldaten ermorden den Kaiser; Lica wird enthauptet. Encolpio und Ascilto landen in der Villa eines aristokratischen Ehepaares, das sich soeben die Pulsadern durchschnitten und Selbstmord begangen hat. Die beiden vergewaltigen eine junge Sklavin. Die Abenteuer unserer Helden nehmen kein Ende. Nachdem sie alles daransetzen mußten, eine Nymphomanin zu befriedigen, rauben sie aus einem Tempel einen Hermaphroditen mit seherischen Fähigkeiten. Doch der Zwitter stirbt während der Flucht. Encolpio wird von den Soldaten gefangengenommen und dazu gezwungen, im Labyrinth gegen den Monotaurus zu kämpfen. Unter den Zuschauern sind auch Ascilto und Eumolpo. Encolpio wird besiegt und muß seine Männlichkeit nun mit Arianna beweisen. Doch er ist von akuter Impotenz befallen und wird von

allen verlacht. Um ihn von seiner Impotenz zu heilen, führt ihn Eumolpo in den »Garten der Lüste«. Allein, selbst die Bemühungen geübter junger Mädchen bleiben erfolglos. Erst durch die Fürsprache der Zauberin Enotea wird Encolpio geheilt. Sein Glück wird durch den plötzlichen Tod Asciltos getrübt. Encolpio beschließt, sich auf dem Boot des ebenfalls verstorbenen Eumolpo einzuschiffen. Eumolpo hat in seinem Testament diejenigen zu Erben eingesetzt, die seine Leiche verspeisen werden. Encolpio weigert sich, an diesem makabren Bankett teilzunehmen, bleibt aber auf dem Schiff, das in Richtung afrikanische Küste segelt.
Der Filmkritiker der Zeitung »Resto del Carlino«, Dario Za-

Alain Cuny und Capucine (zweite von rechts) in (Fellini's) ›Satyricon‹

nelli, der die Buchausgabe des *Fellini-Satyricon* für Cappelli besorgt hat, erzählt, Fellini habe ihm erstmals im Sommer 1967 von einem Filmprojekt erzählt, zu dem ihm das Buch des Petronius Arbiter als Vorlage dienen sollte. Fellini hatte sich spontan gegenüber dem Produzenten der »PEA« Alberto Grimaldi verpflichtet, *Satyricon* zu verwirklichen, wenn er nur endlich den mittlerweile schon berüchtigten »Viaggio di G. Mastorna« (einen Film, den wir nun endlich

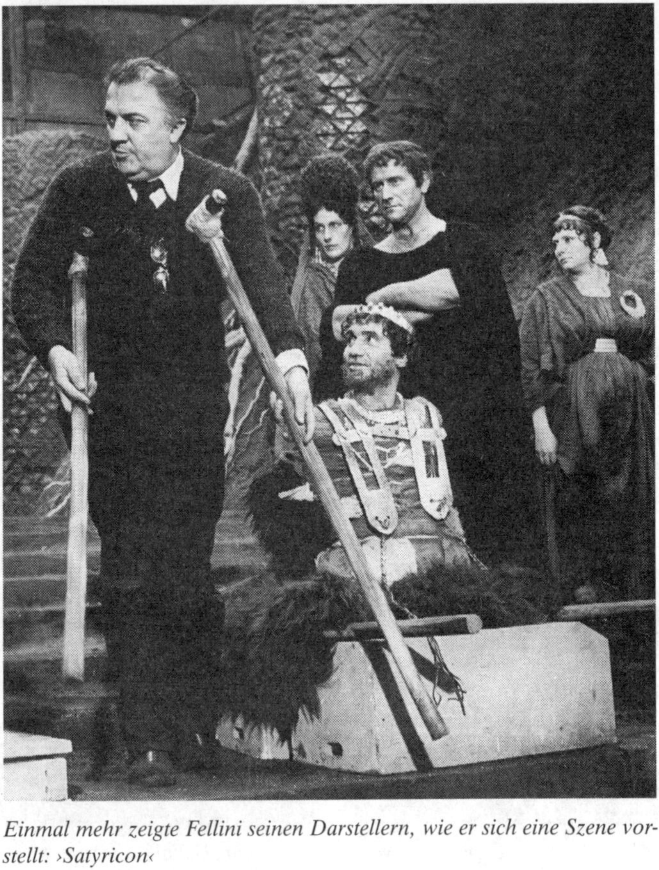

Einmal mehr zeigte Fellini seinen Darstellern, wie er sich eine Szene vorstellt: ›Satyricon‹

Die Reinigung vor dem Mahle: (Fellini's) ›Satyricon‹

sehen möchten, nachdem er uns jahrelang angekündigt wurde) abgedreht hätte. Vom Sommer 1967 bis September 1969, als der Film auf den Markt kam, vergingen die üblichen zwei Jahre, die mit Nachforschungen, Kontaktaufnahmen, Änderungen, sonstigen Vorbereitungen und mit der eigentlichen Verfilmung (von November 1968 bis Mai 1969) sowie mit der Montage, der Tonmischung usw. erfüllt waren. Es gab die üblichen tausend Probleme zu lösen, doch diesmal kam ein neues hinzu, denn in der Zwischenzeit hatte der Produzent Bini ebenfalls den »Satyricon«-Stoff verfilmen lassen (Regie: Gian Luigi Polidoro, Drehbuch: Rudolfo Sonego; Darsteller: Tina Aumont, Don Backy, Mario Carotenuto, Franco Fabrizi und Ugo Tognazzi). Um eine Gleichnamigkeit zu vermeiden, mußte für Fellinis Film ein neuer Titel gefunden wer-

(Fellini's) ›Satyricon‹

den. So entsteht der Titel *Fellini-Satyricon.* Der Regisseur selbst hatte andere Titel vorgeschlagen: »Der satyrische Roman«, wie Petronius' Buch im 18. Jahrhundert geheißen hatte; »Mythen und Legenden des alten Roms, was eine ironische Assoziation mit einem wissenschaftlichen Vortrag her-

In einem orgiastischen Dasein ist ein zügelloser Tanz etwas ganz Normales: (Fellini's) ›Satyricon‹

vorrief. Die Produktion selbst hatte noch andere Titel in Betracht gezogen – so einmal »Fellinicon« oder auch »Heroticon«. Die Filmvorbereitungen waren sehr sorgfältig. Fellini und Zapponi lasen eine Unmenge von Büchern und berieten sich mit einigen berühmten Latinisten, unter ihnen Ettore Paratore. Ein anderer Latinist, Luca Canali, früher Paratores Assistent und nunmehr Dozent an der Universität von Pisa, stand als offizieller Berater des Filmes zur Verfügung. Ursprünglich sollten alle Dialoge lateinisch geführt werden. Doch dann mußte Fellini sich den Möglichkeiten des Durchschnittszuschauers anpassen. Einige Teile des lateinischen Dialogs sind erhalten geblieben – eine recht amüsante Lektüre. Für diejenigen, die Fellinis Filme lieben, bietet *Satyricon* viele ergötzliche Momente: Vor den Augen des Betrachters breitet sich das Rom der Dekadenz aus – prachtvoll und elend, voller Schatten, bevölkert von verdrehten, luxuriösen, armseligen Menschen, von Sklaven, Herren, Neureichen, Huren und Hermaphroditen – ein Rom, das wie eine luxuriöse Parodie auf die humanistische Welt anmutet und außerdem die traumhafte Wiederentdeckung einer gleichzeitig existierenden und doch wiederum nicht existierenden Vergangenheit darstellt. In diesem Film begegnen wir auch Fellinis ebenso magischer wie grausamer Vorliebe für das menschliche Antlitz wieder. Es ist bekannt, daß bei den Vorbereitungen zu all seinen Filmen die Wahl der Darsteller bis hin zu den einfachen Statisten stets äußerst langwierig ist, weil Fellini offensichtlich präzise Vorstellungen von den Gesichtern der einzelnen Figuren hat und nicht ruht, ehe er gefunden hat, was er sucht. So hatte er die Figur des Trimalchon immer als eine Art »düsteren, unbeweglichen Onassis, mit versteinertem Blick und der Starrheit einer Mumie« beschrieben. Die Rolle bekam dann kein Berufsschauspieler, sondern der Inhaber eines bekannten Restaurants, ein Mann, der in ganz Rom unter dem Spitznamen »il moro« (der Mohr) bekannt war. Der Kritiker Zanelli berichtet unter anderem auch, daß Fellini das Buch »Satyricon« kennenlernte, als er bei der Zeitschrift »Marc'Aurelio« beschäftigt war, und zwar brachte ein Mitarbeiter, Marcello Marchesi, eine mehr oder weniger unter dem Ladentisch verkaufte und stark veränderte Fassung des Werkes mit in die Redaktion. Fellini und Mario Brancacci lasen das Buch und wollten den Stoff zu einer

Revue verarbeiten. Zwei Nächte lang arbeiteten sie ohne Unterbrechung an dem Projekt, das aber dann nicht weiter gedieh. Jahre später, als Fellini das »Funny Faces«-Lädchen betrieb, erschien eines Tages einer der damaligen Möchtegern-Verleger, der die Umschlagzeichnung für eine neue »Satyricon«-Ausgabe haben wollte. Allerdings wurde dann nicht Fellinis Zeichnung, sondern die eines anderen Zeichners namens De Seta ausgewählt. In der Zeit nach der Verfilmung von *I vitelloni* las Fellini das Buch in einer ungekürzten Ausgabe, und von da an – so schreibt Zanelli – hegte er immer

(Fellini's) ›Satyricon‹

(Fellini's) ›Satyricon‹

wieder die Hoffnung, den Stoff zu einem Film gestalten zu können. *(c.g.f.)*

Kritik: »*Satyricon* ist für mich der Ausdruck einer außerordentlichen Anstrengung, etwas Geheimnisvolles und Unbekanntes in eine kraftvolle Bildersprache zu übersetzen. Man kann den Film als einen langen Traum voller vielfältiger Abenteuer bezeichnen. Zwar sind die Abenteuer und die Episoden recht unterschiedlicher Qualität und nicht immer zeugen sie von Geschmack, doch unleugbar erlaubt uns der Film, die antike Welt in einer äußerst originellen Weise zu entdecken und zu erfahren, die sich von den üblichen Banalitäten und Gemeinplätzen grundsätzlich unterscheidet. *Satyricon* enthält auch Monster und Schauergeschichten, und der Gedanke an den Tod ist in allem vorhanden: Man könnte sogar sagen, daß der Tod vielleicht das Bindeglied ist, das die einzelnen Episoden des Filmes zusammenfügt: ...«

Angelo Solmi, »Oggi«, Rom, 17. September 1969

I clowns (Die Clowns)

Italien/Frankreich/BRD 1970

Regie: Federico Fellini; *Drehbuch:* Federico Fellini, Bernardino Zapponi; *Kamera:* Dario Di Palma; *Schnitt:* Ruggero Mastroianni; *Ausstattung:* Renzo Gronchi; *Kostüme:* Danilo Donati; *Musik:* Nino Rota; *Regieassistenz:* Maurizio Mein; *Produktion:* Elio Scardamaglia, Ugo Guerra für RAI – Radio Televisione Italiana (Italien) – O.R.T.F. (Frankreich) – Bavaria Film (BRD) – Compagnia Leone cinematografica – Erster italienischer *Verleih:* Italnoleggio – Freigabe durch die Zensur: 17. Oktober 1970 – *Länge:* 93 Minuten.

Darsteller und Personen: Liana, Rinaldo, Nando Orfei, Franco Migliorini, Anita Ekberg (sie selbst), Billi, Scotti, Fanfulla, Reder, Valentini, Merli, Tizzo, Pistoni, Furia, Sbarra, Carini, Terzo, Vingelli, Fumagalli, Zerbinati, 4 Colombaioni, Martana, Maggio, Janigro, Maunsell, Peverello, Sorrentino, Valdemaro, Bevillacque (8 Clowns), Maya Morin, Lina Alberti, Alvaro Vitali, Gasparino (die Truppe), Alex, Bario, Père Loriot, Ludo, Charlie Rivel, Maiss, Nino (französische Clowns), Pierre Etaix, Victor Fratellini, Annie Fratellini, Baptiste und Tristan Rémy, Pipo und Rhum, ehemaliger Dompteur Buglioni, ehemaliger Zirkusdirektor Hugue.

Notiz: Federico Fellinis Truppe nimmt an dem gesamten Film teil.

Handlung: Ein Kind beobachtet ernst den Aufbau eines Zirkuszeltes. Das Erscheinen der Clowns erinnert es an einige Menschen, die es im Alltag gesehen hat: an eine halbverrückte, zwergwüchsige Nonne; an einen Idioten, der Krieg spielt; an miteinander streitende Pferdekutscher; an einen von seiner Wichtigkeit erfüllten Bahnhofsvorsteher. Die Handlung geht in unserer Zeit weiter. Fellini führt eine Fernsehuntersuchung – er versucht, alte Clowns und ihre Vergangenheit aufzuspüren. Nach einem Besuch im Zirkus von Liana Orfei begeben sich Fellini und seine Truppe nach Paris, wo sie einen auf Clowns spezialisierten Schriftsteller intervie-

wen: Tristan Rémy. Gemeinsam gehen sie auf die Suche und finden die wenigen noch lebenden Clowns wieder. Mit ihnen organisiert Fellini eine gigantische Parade im Zirkuszelt – doch sie wirkt nun mehr als Symbol einer Beerdigung.
Als zu einer Erzählung frisierte Recherche liefern *I clowns* ein prägnantes Zeugnis von dem Interesse, das Fellini stets und instinktiv der Zirkuswelt entgegenbrachte, einer Welt, die ihre Unwirklichkeit, ihre bunten Spiele, ihre mechanische Märchenhaftigkeit unverhüllt zur Schau stellt. Der Zirkus gehört zu den Institutionen des organisierten Vergnügens, die, ähnlich wie gewisse traditionelle Bräuche und Riten des japanischen Theaters, wahrhaft liturgischen Charakter haben.
Alles ist bis ins letzte ausgeklügelt und geregelt: die Einzüge der Akrobaten, der Pferde und Elefanten, die martialischen Auftritte des Zirkusdirektors, die Verbeugungen der Dompteure und Jongleure. Nicht zu vergessen die ebenfalls genau einstudierten und nur improvisiert oder spontan wirkenden Erscheinungen der Clowns in der Manege, die in Wirklichkeit ganz von den starren Ritualen einer bestimmten Vorstellung von Vergnügen beherrscht sind. So ist zum Beispiel der weiße Clown immer der »August«. Die exakt ablaufende Inszenierung erinnert in ihrer Mischung aus athletischer Virtuosität und affektierten höfischen Ritualen an das klassische Ballett. Es ist ein bis ins kleinste Detail programmiertes und immer gleich ablaufendes Vergnügen, das Kinder faszinieren und Erwachsene zum Lächeln bringen soll; es dient dem Kulissenwechsel und ermöglicht dem Publikum, die angenehm beißende Luft im Zirkuszelt einzuatmen – jene Mischung aus Sägespänen, Schweiß und Parfüm, untermalt von fröhlicher Marschmusik. In einem seiner Interviews erzählt Fellini selbst, nachdem er lange über andere und komplizierte Projekte gesprochen hatte, wie es in Zusammenarbeit mit der RAI zu diesem Film gekommen ist, nachdem man ursprünglich ganz anderes im Sinn hatte. Er selbst habe vorgeschlagen: »Laßt uns *Die Clowns – Botschafter meiner Berufung* drehen.« Dieses Fellini-Interview ist in dem schon mehrmals

zitierten Einaudi-Buch und außerdem in dem zu diesem Film bei Cappelli erschienen Buch abgedruckt. Ich beschränke mich deshalb hier auf die Wiedergabe einiger besonders signifikanter Passagen: »Selbstverständlich hatte ich am Anfang die Absicht, eine ganz seriöse Recherche durchzuführen. Ich habe sie ja dann auch zu Ende gebracht, doch ich hatte das Gefühl, ungelenk und ungeschickt zu sein. Die Wahrheit ist, daß ich kein guter Fragesteller bin, und wenn ich schon einmal die richtige Frage errate, dann interessiert mich meistens die Antwort nicht. So habe ich während der Dreharbeiten von meinem Unbehagen erzählt ... Das einzige, was man bei einer Untersuchung kommentieren kann, ist die eigene Rücksichtslosigkeit, die eigene freche Neugierde und Aufdringlich-

Eine Szene aus der Fernsehproduktion ›Die Clowns, Botschafter meiner Berufung‹

keit. Deswegen habe ich meiner Untersuchung ganz offen eine satirische Kehrseite hinzugefügt: So ist es mir möglich geworden, das Ganze zu ertragen. Ich wiederhole nochmals: Jeder Mensch kann nur sich selbst untersuchen und dokumentieren. Ich weiß nicht, wer gesagt hat: ›Der einzige wirkliche Realist ist der Visionär.‹ Der Visionär bezeugt in der Tat Ereignisse, die seine Wirklichkeit der Darstellung und damit wohl das Realste sind, was es überhaupt gibt. Ich muß nun ein peinliches Geständnis ablegen: Meine Kenntnisse von der Zirkuswelt sind gleich Null, ich bin also der letzte, der berechtigt wäre, kenntnisreich darüber zu berichten. Ich muß auch hinzufügen, obwohl mein Geständnis sicher die vielen Freunde der Zirkuswelt, die mich als einen der ihrigen feiern, betrüben wird, daß ich nur ganz selten eine Zirkusvorstellung erlebt habe. Aber andererseits, was macht das schon aus? Sicher ist mein Wissen objektiv gleich Null, trotzdem weiß ich aber alles über den Zirkus – seine Lichter, seine Verstecke, seine Düfte und auch seine geheimsten Seiten. Ich weiß das alles, ich habe es immer gewußt. Schon bei meiner ersten Begegnung mit dem Zirkus war mein ganzes Wesen im Einklang mit diesem Spektakel, mit dieser ohrenbetäubenden Musik, diesen beunruhigenden Erscheinungen, dieser Atmosphäre, die von Todesdrohungen geschwängert zu sein schien. (…) Es ist die Wahrheit: Ich habe diesen Rausch, diese Regung, diese Rührung, dieses Gefühl, hier heimisch zu sein, sofort verspürt, als ich zum ersten Mal ein Zirkuszelt betrat. Das Zelt war völlig menschenleer, und es herrschte eine große, verzauberte Stille. Nur aus der Ferne vernahm man die Stimme einer Frau, die beim Wäschewaschen sang, und von irgendwoher ein Pferdewiehern. Ich war hingerissen, ich fühlte mich schweben – wie ein auf dem Mond ausgesetzter Astronaut, der sein Raumschiff wiederfindet …« Diese Worte offenbaren die intellektuelle, liebenswürdige und ein wenig raffiniert-poetische Art, in der sich Fellini der Zirkuswelt genähert und diese dargestellt hat. Das für einen Zirkusliebhaber hochinteressante Ergebnis ist nicht ganz frei von einem Hauch des Gekünstelten, der sich aus einer Mischung von Erdachtem und Dokumentiertem ergibt. Es zeigt sich aber erneut, daß es zu den ureigenen und charakteristischen Eigenschaften des Regisseurs gehört, die Wahrheit nicht einfach wiederzugeben, sondern sie in einem ständigen, verzweifelten und listigen Kampf mit der eigenen entfesselten Phantasie zu verwandeln, neu zu erdenken und auszuschmücken. *(c.g.f.)*

Kritik: »Der Film ist intelligent und voller Poesie, die würdige Frucht des genialen Clowns, der Fellini im Grunde und nicht nur im Grunde ist. (...) In diesem Film ist wohl von allem ein bißchen enthalten. Zuweilen wirkt das etwas gewollt – so die katzenhaften Auftritte Anita Ekbergs zwischen den Käfigen des Zirkus Orfei. In *I clowns* hat sich Fellini verschwenderisch selbst eingebracht mit allen Konstanten seiner schöpferischen Phantasie, mit all seinen sanften und auch boshaften Zügen, seiner Zurückhaltung und seiner überquellenden Herzlichkeit, mit seiner Leichtgläubigkeit und mit seiner Skepsis ...«

Guglielmo Biraghi, »Il Messaggero«, 31. August 1970

Roma (Fellinis Roma)
Italien/Frankreich 1972
Regie: Federico Fellini; *Drehbuch:* Federico Fellini, Bernardino Zapponi; *Kamera:* Giuseppe Rotunno; *Schnitt:* Ruggero Mastroianni; *Ausstattung und Kostüme:* Danilo Donati – Andrea Fantacci; *Musik:* Nino Rota; *Regieassistenz:* Maurizio Mein; *Produktion:* Ultra film (Rom), Les Productions Artistes Associés (Paris); erster italienischer *Verleih:* Italnoleggio – *Länge:* 119 Minuten.
Darsteller und Personen: Peter Gonzales (der achtzehnjährige Fellini), Fiona Florence (Dolores, eine junge Prostituierte), Marne Maitland (Katakombenführerin), Britta Barnes, Pia De Doses (Prinzessin), Renato Giovannoli, Elisa Mainardi, Paule Rout, Paola Natale, Marcelle Ginette, Bron, Mario Del Vage, Alfredo Adami, Stefano Mayore, Gu-

drun Mardou Khiess, Giovanni Serboli, Angela De Leo, Libero Frissi, Dante Cleri, Mimmo Poli, Galliano Sbarra, Alvaro Vitali, Norma Giacchero (Interviewerin), Federico Fellini (er selbst), Interviewt wurden: Marcello Mastroianni, Anna Magnani, Gore Vidal, John Francis Lane, Alberto Sordi.

Handlung: Rimini in den dreißiger Jahren; ein Junge, der ein von Priestern geführtes Internat besucht, kennt die italienische Hauptstadt nur aus dem Zerrbild der klassizistischen Rhetorik seiner Lehrer und der hochtrabenden Phrasendrescherei des faschistischen Regimes. Für den Jungen ist Rom Teil eines anderen Planeten, der in Fotos und Film verherrlicht wird. Es ist für ihn das phantastische Geschöpf seiner Phantasie, entstanden, als er den sonntäglichen Segen des Papstes aus dem Radio vernahm. 1939 fährt der inzwischen Zwanzigjährige nach Rom. Die Stadt präsentiert sich ihm nun viel nüchterner: Da sind die armseligen Kerle, die in der gleichen billigen Pension wohnen; die Stammgäste der Kneipen; die auf der Straße spielenden Kinder; die Scherze der Bänkelsänger und die Straßenmädchen auf der Via Appia. Wechsel in das Jahr 1972: Die erste Szene des letzten Teiles des Filmes zeigt das höllische Chaos eines Verkehrsstaus auf der römischen Stadtautobahn. Fellini dreht einen Film im Zentrum der von Touristen und Studenten bevölkerten Altstadt. Man wirft ihm seine politische Gleichgültigkeit vor. Die Gegenwart mischt sich mit der Erinnerung an das lärmende Publikum eines kleinen Provinztheaters, das von einem Bombenalarm in die Flucht geschlagen wird. Die Filmtruppe der Gegenwart dringt dann in die U-Bahn-Schächte ein – das Auffinden archäologisch wichtiger Baureste hat zu Unterbrechungen der Arbeiten geführt. Der Kontrast zu den Hippies auf der Piazza di Spagna bildet die Erinnerung an die zusammengewürfelte menschliche Fauna, welche die Bordelle der vierziger Jahre bevölkerte. Dem sarkastischen Ballett einer in einem römischen Arztpalast und in Anwesenheit des Papstes Pius XII. stattfindenden Schau für geistliche

Szenen aus dem Rom der sechziger Jahre – so wie Fellini es sah: ›Fellinis Roma‹

Moden entspricht die Begegnung mit dem Festmahl von Filmstars und ausländischen Schriftstellern in einem Lokal in Trastevere. Zuletzt herrscht ein allgemeines Durcheinander: Die Polizei geht mit Schlagstöcken gegen die Langhaarigen

›Fellinis Roma‹

vor, und eine Schar Motorräder rast donnernd an den Denkmälern einer fernen und gleichgültigen Vergangenheit vorbei.

Als erstes kann man zu diesem Film wohl sagen: Wenn er

nicht der schönste Film Fellinis ist (worüber man streiten kann), ist er sicher der unvermeidlichste – ein Film, den er meines Erachtens irgendwann einmal unausweichlich verwirklichen mußte, so wie *Achteinhalb* und *La dolce vita* (zwei Filme, die das Unvermögen, sich bildlich oder schriftlich auszudrücken, zum Thema hatten). In der Tat ist *Roma* so etwas wie eine Skizze der Beziehungen Fellinis zur Außenwelt, das heißt zu dem »Rest der Welt« – einer Welt, die in Rimini beginnt, um sich dann, nach einem kurzfristigen Zwischenspiel in Florenz, in Rom zu offenbaren und zu vollenden. Fellinis Leben und Karriere sind auf das engste mit seiner Entscheidung verbunden, schon in jungen Jahren nach Rom zu gehen, um dort energisch, wenngleich noch mit verschwommenen

›Fellinis Roma‹

Vorstellungen (er hatte eine Vorliebe für die Journalisten der amerikanischen Filme, die den Hut lässig auf den Hinterkopf gestülpt hatten und um eine prompte Antwort nie verlegen waren), das Leben eines Erwachsenen zu beginnen. Die Wahl Fellinis, Jahrgang 1920, ist geradezu typisch für diese Generation: Wäre er zehn Jahre älter gewesen, so wäre er wahrscheinlich nach Mailand gegangen, und sein Leben hätte dann einen völlig anderen Lauf genommen. Gewiß wäre er niemals mit der Welt des Films in Berührung gekommen. Was hätte er in Mailand werden können? Ein Journalist der Zeitschrift »Bertoldo«? Ein Mitarbeiter des Verlegers Bompiani? Ein zerstreuter Romanschriftsteller, der den blassen Witz zwischen familiärem und unfreiwilligem Surrealismus bevorzugt, der damals bei humoristischen Zeitschriften im Schwange war (und zwar auch bei dem römischen »Marc'Aurelio«, in dem der blutjunge Fellini seine noch recht ungeschliffenen, doch überaus vielversprechenden Provinzskizzen veröffentlichte). Federico zog es vor, nach Rom zu gehen, weil Rom – wie er niemals müde wurde immer und überall zu verkünden – eben Rom war. Und so erfand er nach und nach eine spröde, glitzernde, kaiserliche Stadt, die absolut nichts zu tun hatte mit der Wirklichkeit. Um zu erklären, warum er nach Rom gegangen ist, warum es unabweisbar und schicksalhaft für ihn war, sich dort niederzulassen, hat er einen Film gedreht – ganz wie es seine Gewohnheit ist, wenn er etwas von sich erzählen will. Hierbei ist Fellini, so weiß sein Drehbuchautor Bernardino Zapponi zu berichten, von zwei Grundideen ausgegangen: »Ich will die Sicht vom Hubschrauber aus, will von oben beobachten, wie sich die Wolken über Rom formieren; ich will diese großen Massen in allen Farbschattierungen aufnehmen, wie sie sich zusammenballen, wie sie auseinanderbrechen, verwehen … und dann will ich den ›Ponentino‹ zeigen, wie dieser berühmte Windzug entsteht, aus welchen Himmelsrichtungen er kommt. Am liebsten würde ich diese Brise bei ihrer Geburt überraschen, ihren Weg nach Rom verfolgen, die Menschen im Bild festhal-

Fellini bei den Dreharbeiten zu ›Fellinis Roma‹

ten, denen er begegnet, die sein Wehen verspüren – die verschiedenen Situationen und Szenarien solcher Begegnungen: im Café, auf der Straße, im Bett …« Und dann folgten die üblichen Nachforschungen und Besichtigungen – im Justizpalast, dem sogenannten »Palazzaccio«, der von mysteriösen

›Fellinis Roma‹

Restaurierungsarbeiten blockiert war, in der U-Bahn, jener ewigen Baustelle ... Der fertige Film, eine Mischung aus phantastischen, kühnen Einfällen und nicht sonderlich geglückter Dokumentation, ist ein echter Fellini: Die Sequenzen im Bordell, die inzwischen als klassisch gelten können (eine der perfektesten Passagen der Rekonstruktion jüngster Vergangenheit, die der italienische Film aufzuweisen hat), die Modenschau für Geistliche und das kleine Varieté-Theater während des letzten Krieges sind gleichermaßen schonungslos und entlarvend. Der Film vermittelt uns ein lebendiges, wirklichkeitsgetreues Bild vom Italien jener Zeit, das aber auch zugleich das Bild Roms ist, ja man kann sogar sagen, vor allem das Bild dieser Stadt: Rom, so wie es sich in

Fellinis Bewußtsein eingegraben hatte als Produkt von zugleich drohenden und verführerischen kindlichen Phantastereien (aus jener Zeit stammend, da das »Römertum« den Kindern regelrecht eingetrichtert wurde) und aus den Erfah-

›Fellinis Roma‹ lebt von der Vorliebe des Regisseurs für Tingeltangelkünstler, Straßensänger, Tagediebe und redselige Dirnen

rungen späterer Jahre; all dies exemplifiziert in drei verschiedenen Phasen: das Kind – der in Rom ankommende Jüngling – schließlich und endlich Fellini selbst. Der Unterschied zwischen jenem prächtigen und düsteren kaiserlichen Römertum der Schulzeit und dem Römertum der Wirklichkeit (für Fellini steht dasjenige seiner ersten Begegnung in der Zeit unmittelbar vor dem Krieg, als die »ewige Stadt« ihre kleinbürgerliche, provinzielle, südländische, unredlich gewinnsüchtige, zynisch volkstümliche Seele nicht verbergen konnte) ist zweifellos der Schlüssel zum Verständnis dieses Films, der in seiner Bedeutung als außerordentliches Zeitdokument trotz alledem von vielen nicht erkannt worden ist. In diesem Film verspürt man auch die tiefe Liebe, die Fellini für Rom empfindet, gerade weil diese Stadt seine Bühne ist: Hier ist er zum ersten Mal mit der Filmwelt in Berührung gekommen, hier hat sie sich ihm erschlossen. Ganz typisch auch die Art, in der sich Fellini des römischen Dialekts bedient – wie zum Beispiel in der schon mehrfach erwähnten Sequenz der Varieté-Darbietung, in der das Publikum vor unverschämter und ungezügelter Vulgarität nur so strotzt: Das ist ganz so, wie wenn sich ein Erwachsener ein fremdes Idiom aneignet, es schließlich perfekt, bisweilen gar besser als viele Einheimische beherrscht, aber gleichwohl stets im Mechanischen gefangen bleibt, im Angelernten, dem man anmerkt, daß die Geheimnisse der Sprache eines nach dem anderen über das Bewußtsein erschlossen wurden, so daß der Rede immer etwas Fremdes anhaftet, während die Muttersprache in unserem Inneren widerhallt, als sei sie eins mit unserem Körper und unserem Blut. All dies erfahren wir in *Roma* und erleben zugleich das glückliche Drama Fellinis, der die Stadt einerseits mit gnadenlosen Augen sieht, andererseits aber solchen Gefallen an ihr findet, daß er, wie ich meine, nirgendwo sonst leben könnte. Und inzwischen wissen wir ja alle sehr gut, daß Leben und Filmemachen für Fellini eines sind. *(c.g.f.)*

Kritik: »Wie all seine bisherigen Filme, die er hier einzeln in bildhaften Anspielungen ausdrücklich zitiert, als wolle er eine stete, folgerichtige Entwicklung beweisen, so trägt auch *Roma* autobiographische Züge. Wieder einmal berichtet Fellini in der ersten Person und tritt in dem Film selbst als unmittelbarer Zeuge auf, und zwar in drei unterschiedlichen Gestalten: als Kind, das am Bahnhof von Rimini mit hingerissenen Blicken den nach Rom abfahrenden Zügen folgt, als junger Mann, der in der Absicht nach Rom kommt, Journalist zu werden – und schließlich als er, Fellini selbst, der wie in *I clowns* mit einer Filmtruppe in den Szenen auftritt, die das heutige Rom zeigen. Indem er sich in das Geschehen mischt, ohne je pleonastisch zu wirken, zeichnet uns der Regisseur ein sicherlich grobes, leidenschaftliches, entstelltes und groteskes, zugleich aber ganz und gar fellinisches Porträt der Stadt, und zwar eines von der allertypischsten Art ...«

Dario Zanelli, »Il Resto del Carlino«, Bologna, 17. März 1972

Amarcord (Amarcord)
Italien/Frankreich 1973
Regie: Federico Fellini; *Drehbuch:* Federico Fellini, Tonino Guerra; *Kamera:* Giuseppe Rotunno; *Schnitt:* Ruggero Mastroianni; *Ausstattung und Kostüme:* Danilo Donati; *Musik:* Nino Rota; *Regieassistenz:* Maurizio Mein; *Produktion:* Franco Cristaldi für F.C. Produzioni (Rom), P.E.C.F. (Paris) – Erster italienischer *Verleih:* Dear international – Von der Zensur freigegeben: 15. Dezember 1973 – *Länge:* 127 Minuten.
Darsteller und Personen: Bruno Zanin (Titta Biondi), Pupella Maggio (Miranda, Tittas Mutter), Armando Brancia (Aurelio, Tittas Vater), Stefano Proietti (Oliva, Tittas Bruder), Giuseppe Lanigro (Tittas Großvater), Nandino Orfei (»il Pataca«, Tittas Onkel), Ciccio Ingrassia (Teo, der verrückte Onkel), Carla Mora (Gina, das Dienstmädchen), Magali Noël (»Gradisca«), Luigi Rossi (Rechtsanwalt), Maria Antonietta Beluzzi (Tabakhändlerin), Josiane Ranzilli (»Volpina«), Domenico Pertica, Antonino Faà di Bruno, Carmela Eusepi, Gennaro Ombra (Biscein), Gianfilippo Carcano

(Don Balosa), Francesco Maselli (Professor Bongioanni), Dina Adorni (Frau De Leonardis), Francesco Vona (Candela), Bruno Lenzi (Gigliozzi), Lino Patruno (Bobo), Armando Villella (Fighetta, Griechischprofessor), Francesco Magno (Direktor »Zeus«).

Handlung: Wie ein roter Faden durchziehen Erinnerung und der langsame Lauf der Jahreszeiten diese Erzählung. In Borgo, einer erdachten Kleinstadt an der adriatischen Küste, wächst der junge Titta heran, unter den Zwängen einer katholischen Erziehung, faschistischer Rhetorik und einer unerträglichen Familie. Letztere besteht aus dem Vater Aurelio, einem kleinen Bauunternehmer, der in ständigem Streit mit der stets klagenden, hysterischen Mutter Miranda lebt; dem Onkel Pataca, der auf Kosten der Verwandtschaft als Parasit sein Leben fristet; dem in einer Irrenanstalt untergebrachten Onkel Teo; dem egoistischen Großvater, der dem drallen Dienstmädchen nachstellt, und dem spitzbübischen, rebellischen kleinen Bruder. Das Fallen der »manine« (A. d. Ü.: Blüten oder Blätter) der ersten Frühlingsblumen kündet das Ende des Winters an. Auf dem Hauptplatz des Ortes wird ein großes Frühlingsfeuer entzündet. Der Vater macht Titta Vorhaltungen, weil der noch keine Arbeit gefunden hat. Anschließend begleitet die Mutter den Jungen zur Beichte. Als ihn der Pfarrer fragt, ob er masturbiere, ziehen die Frauen des Städtchens an Tittas innerem Auge vorüber: die aufreizende Friseuse Gradisca, die davon träumt, eines Tages Gary Cooper zu heiraten; die stets willige Volpina, die sich inmitten der Felder allen Männern hingibt; die gewaltige Frau aus dem Tabakladen. Das Ereignis des Sommers ist die Vorbeifahrt des Überseedampfers »Rex« vor der Küste. Der Film präsentiert uns eine Vielzahl von Typen und Figuren in den verschiedensten Umgebungen und Situationen: so das Gruppenfoto zum Schuljahrsende; einen tölpelhaften Priester; eine adlige Familie; den Inhaber des örtlichen Kinos; faschistische Bonzen; einen schwülstigen Rechtsanwalt; den Irren »Giudizio«; den Lügner Biscein und zahllose weitere Protagonisten einer

›Amarcord‹: Pupella Maggio (Mitte), Armando Brancia (rechts) und Ciccio Ingrassia bei Betrachtungen über die Form des Eies

provinziellen, armseligen Welt. Der Herbst bringt als Attraktion die Passage der »Mille Miglia«, zugleich aber auch die tödliche Erkrankung der Mutter. Für Titta ist dies das Ende seiner Jugendzeit. Seine Illusionen verwehen wie Gradiscas Träume, die statt des angebeteten Gary Cooper einen Polizeibeamten heiratet.

»Ich weiß, ich weiß, ich weiß, / Daß ein Mann von fünfzig Jahren / Stets saubere Hände hat. / Zwei- oder dreimal täglich wasch ich sie. / Doch wenn ich meine Hände dreckig seh', / Dann denk ich »a m'arcord«, / An meine Kinderzeit.« / Dieses Gedicht in romagnolischem Dialekt steht am Anfang des Buches »Amarcord« (Rizzoli, Mailand 1973) von Fellini und

Die italienische Mama, wie sie im Buch steht: Pupella Maggio in ›Amarcord‹

Tonio Guerra, das in Form kurzer Erzählungen die spätere Filmhandlung vorwegnimmt (aber natürlich alle technischen Details eines Drehbuchs ausspart). Berichtet wird von Bobos (dem »Titta« des Films) kleinen Abenteuern; die Geschichte der Gradisca; die Episode der gewaltigen Tabakhändlerin, die der Held der Erzählung in die Höhe stemmen muß; weitere Erzählungen sind »Die junge Italienerin« und die »Avanguardisti« (A. d. Ü.: Faschistische Jugendorganisationen) bei Turnwettkämpfen; »Der Beichtstuhl«; das Fallen der »manine« im März als Symbol des Frühlingsbeginns ... und ein riesiges Archiv, in dem sich die Erinnerungen aus dreißig Jahren stapeln, gesehen durch die deformierende Brille eines Gedächtnisses, das sich aus der Atmosphäre einer provinziellen Kleinstadt speist. Eine schlaue, ereignisarme, kleinbürgerliche und verträumte Geschichte zwischen Tölpelhaftigkeit und Anständigkeit. Fellini setzt unvergeßliche Denkmäler für seine Vergangenheit ebenso wie für seine Zukunft. *Amarcord* (man verzichtet bezeichnenderweise auf die durch das Gedicht vorgegebene Schreibweise »me a m'arcord«, d. h. »ich erinnere mich«) ist dies alles in einem und noch mehr. Fellini hat wie stets eine recht snobistische Erklärung für den Filmtitel. Seinen Worten zufolge sollte der Film ursprünglich »Viva l'Italia« heißen. Dann habe man an »Il borgo« (A. d. Ü.: »Die Ortschaft«, »Der Marktflecken«) gedacht, und zwar »Ortschaft« im Sinne mittelalterlicher Abgeschiedenheit – Provinz, erlebt als Isolierung, Absonderung, Langeweile, Verzicht, Auflösung und Tod ... Und Fellini fährt fort: »Eines Tages kritzelte ich in einem Restaurant auf einer Serviette herum, und heraus kam dabei das Wort Amarcord.

Man sagt, sie sei Fellinis Lieblingsfrau: Antonietta Beluzzi in ›Amarcord‹

Sofort dachte ich mir, man werde mir natürlich sogleich Gedankenassoziationen zu dem »Ich erinnere mich« der romagnolischen Mundart vorwerfen. Eine autobiographische Interpretation des Films aber galt es unter allen Umständen zu vermeiden. Amarcord war nichts als ein bizarres kleines Wort, ein ›Carillon‹ (Glockenspiel), eine phonetische Spielerei, eine kabbalistische Folge von Tönen; es könnte auch die Markenbezeichnung für einen Aperitif sein, warum nicht? Alles mögliche – nur nicht die ärgerliche Assoziation zu ›Ich erinnere mich‹! Ein Wort, das in seiner Extravaganz Synthese, Bezugspunkt, ja fast Nachhall eines Seelenzustandes, einer Haltung, einer doppelten Art, kontrovers und widersprüchlich zu fühlen, werden könnte – Ausdruck der Vereinigung zweier Gegensätze, Zusammenschmelzen zweier extremer Begriffe wie Loslösung und Nostalgie, Urteil und Komplizenschaft, Ablehnung und Zustimmung, Zärtlichkeit und Ironie, Überdruß und Qual. Es kam mir vor, als solle der geplante Film gerade dieses alles darstellen, die Notwendigkeit der Trennung von einer Sache, die dir gehörte, in der du aufgewachsen warst und gelebt hattest, die dich geprägt, krank gemacht, verletzt hatte; die Loslösung aus einer Vergangenheit, in der sich alles gefährlich und emotional verwirrt; aus einer Vergangenheit, die uns nicht vergiften soll und die wir daher von allen Schatten, Verwirrungen noch bestehender Bindungen befreien müssen; aus einer Vergangenheit, die wir als das entscheidende Schlüsselerlebnis unserer selbst, unserer Lebensgeschichte aufzubewahren haben; aus einer Vergangenheit, der wir uns anpassen müssen, um die Gegenwart bewußter erleben zu können …« Und so weiter, und so weiter. – Man würde gerne weiter zitieren, denn Fellini ist in seinen Äußerungen nicht nur äußerst großzügig mit Bekenntnissen zu seiner Person, sondern auch, gleichgültig ob er schreibt oder spricht, der geborene Schriftsteller, der die Sprache gekonnt zu handhaben weiß, mit präzisen, oft prächtigen Adjektiven und mit akribisch treffenden, häufig akrobatischen Wortschöpfungen, die er genußvoll einfließen läßt.

›Amarcord‹

Hier mag es genügen, die dialektische Bravour zu unterstreichen, mit der er mit dem Sinn spielt, der sich hinter der Wortschöpfung Amarcord verbirgt, die zwar »Ich erinnere mich« bedeutet, aber gerade dies unter gar keinen Umständen bedeuten soll, so daß das Wort wieder einmal zur Hieroglyphe, zu einem geheimen Codewort, zu einer augenzwinkernden Andeutung, zu einer Provokation und zu einem Hinweis auf das »Archiv der Erinnerung« gerät. Es liegt auf der Hand, daß hier eine Unzahl autobiographischer Spuren anzutreffen ist, was auch immer der Regisseur in diesem Zusammenhang behauptet. Natürlich ist es keine Autobiographie in dem Sinne, daß der Film als strenge Abfolge persönlicher Ereignisse angesehen werden könnte (obwohl selbst dies teilweise der Fall ist). Es handelt sich vielmehr um eine spöttische, höhnische und gerührte Verklärung jener Kulissen, vor denen man jene Mischung aus echt und falsch spielen läßt, aus der sich der geheimste Film unserer Erinnerung zusammensetzt. *(c.g.f.)*

Kritik: *Amarcord,* entstanden aus dem mundartlichen »a m'arcord«, ist nicht nur der Titel des Films, sondern zugleich auch das bevorzugte poetische Motto des Regisseurs Federico Fellini. Der autobiographische *background* seiner in Rimini verlebten Kindheit und Jugend, der – bald mehr, bald weniger – in fast all seine Werke (zum Beispiel in *I vitelloni,* in *La dolce vita,* in *Achteinhalb,* in *I clowns* und in *Roma*) Eingang gefunden hat, ist hier ganz konzentriert zusammengefaßt und zum reinen Selbstzweck geraten: nicht beschränkt auf die Funktion einer Rahmenerzählung oder eines Dekors, sondern selbst zur Struktur des Werkes geworden; ein Album, zuweilen gar nur ein Notizbuch häuslicher oder städtischer Erinnerungen aus den dreißiger Jahren, als der Faschismus regierte. Diese Reminiszenzen verwandeln Rimini in ›il borgo‹, während sich Fellinis ›Ich‹ vor allem in der Figur des jungen Titta und derjenigen des in dem Städtchen lebenden Gelehrten verkörpert, dessen lehrhafte Weitschweifigkeit zumeist mit Hohn und Spott bedacht wird. Man ist versucht zu sagen, daß die Nachkommen, die Fellini in seinen Filmen wiederfinden möchten, nicht mehr genötigt sind, von einem Streifen zum anderen zu hetzen, weil sie in *Amarcord* eine Zusammenfassung all dessen erleben, was sie suchen. Zusammenfassungen und Wiederholungen haben stets etwas Überflüssiges an sich, müssen aber nicht langweilig sein. So können wir über Fellinis letzten Film sagen, daß er zwar etwas lang geraten ist, aber dennoch einen hohen Unterhaltungswert besitzt – ein insgesamt sympathischer und gefälliger Streifen, der gerade in unseren Tagen Vergnügen und Trost bereitet ...«

Leo Pestelli, »La Stampa«, Turin, 20. Dezember 1973

Casanova (Fellinis Casanova)
Italien 1976
Regie: Federico Fellini; *Drehbuch:* Federico Fellini, Bernardino Zapponi frei nach den Memoiren Giacomo Casanovas; *Kamera:* Giuseppe Rotunno; *Schnitt:* Ruggero Mastroianni; *Ausstattung und Kostüme:* Danilo Donati; *Musik:* Nino Rota; *Regieassistenz:* Maurizio Mein, Liliana Betti, Gerald Morin; *Maske* für Sutherland: Giannetto De Rossi; *Produktion:* Alberto Grimaldi für PEA – Erster italienischer *Verleih:* Titanus – Freigegeben von der Zensur: 1. Dezember 1976 – *Länge:* 170 Minuten.
Darsteller und Personen: Donald Sutherland (Giacomo Casanova), Tina Aumont (Henriette), Cicely Browne (Marquise d'Urfé), Carmen Scarpitta und Diane Kourys (die Damen Charpillon), Clara Algranti (Marcolina), Daniela Gatti (Giselda), Margareth Clementi (Maddalena), Mario Cencelli (Dr. Mobius, Entomologe), Olimpia Carlisi (Isabella, Tochter des Entomologen), Silvana Fusacchia (zweite Tochter des Entomologen), Chesty Morgan (Barberina), Adele Angela Lojodice (Puppe), Sandra Elaine Allen (Riesin), Clarissa Mary Roll (Anna Maria), Alessandra Belloni (Prinzessin), Marika Rivera (Astrodi), Angelica Hansen (bucklige Schauspielerin), Marjorie Bell (Gräfin Waldenstein), Marie Marquet (Casanovas Mutter), Daniel Emilfork-Berenstein (Du Bois), Luigi Zerbinati (Papst), Hans van den Hoek, Dudley Sutton, John Karlsen, Regie Nalder, Vim Hiblom, Harold Innocent, Misha Bayard, Nicolas Smith, Donald Hodson, Dan van Husen (Viderol), Gabriele Carrara.
Handlung: Alt und müde, inzwischen Bibliothekar des Grafen von Waldenstein geworden, beschwört Giacomo Casanova seine früheren Liebschaften und die Abenteuer seines Lebens wieder herauf. Während des Karnevals in Venedig erklärt sich Casanova bereit, mit Hilfe der Nonne »Suor Maddalena« seine Liebesfähigkeit unter Beweis zu stellen – zum einen, um die voyeuristische Lust ihres Liebhabers, des französischen Botschafters, zu befriedigen, zum anderen des ei-

Donald Sutherland in ›Casanova‹

genen Vergnügens wegen. Er wird jedoch von der Inquisition festgenommen und wegen Schwarzer Magie angeklagt. Nach seiner Flucht aus den »Piombi« (A. d. Ü.: Venedigs berüchtigten Bleikammern) geht Casanova nach Paris und besucht dort den Salon der Marchesa d'Urfé, die sich von ihm die Enthüllung des Geheimnisses der Unsterblichkeit verspricht. Doch sein Aufenthalt ist nur von kurzer Dauer. Casanova setzt seine Reisen und sein Leben als Verführer fort. Er nimmt am Bankett des homosexuellen Adeligen Du Bois teil und hat in Parma eine vergnügliche Liebschaft mit der jungen Französin Henriette. Deren plötzliche Abreise läßt Casanova niedergeschlagen und bedrückt zurück. Es ist ihm zumute wie einst in London, als er sich bei zwei Dirnen mit Syphilis infizierte, an Selbstmord dachte und erst durch die Begegnung mit einem Riesenweib wieder Geschmack am Leben fand. Es folgen neue Abenteuer. In Rom nimmt er Lord Tallows Herausforderung an, mit einigen Teilnehmerinnen an dessen abendlichen Orgien seine Liebeskraft achtmal hintereinander, in ununterbrochener Folge, unter Beweis zu stellen. In Bern erkrankt er, wird von Dr. Mobius geheilt und versucht zum Dank, dessen Tochter Isabella zu verführen. In Neapel kommt es zu einem Liebesabenteuer mit der Tochter einer Mätresse des Königs Ferdinand I. Zwischendurch begegnet er dem Papst, lernt Voltaire kennen, der ihn demütigt, und sieht seine Mutter wieder, die nur wenig Interesse für sein Schicksal zeigt. Casanova wird älter, seine Anziehungs-

Der Wollust sind bei ›Casanova‹ keine Grenzen gesetzt

kraft läßt nach, und an den Höfen vergißt man ihn allmählich. Der Herzog von Württemberg zum Beispiel zeigt keinerlei Interesse, als Casanova ihm seine Pläne für eine neue Befestigung des Schlosses vorlegt. So hat Casanova schließlich keine andere Wahl mehr, als das Angebot des Grafen von Waldenstein anzunehmen. Umgeben von der Verachtung der anderen Dienstboten bleibt Casanova nur ein einziger Trost: das Tanzen mit seiner automatischen Puppe, der erstarrten Erinnerung an eine längst vergangene Zeit.

Wie so häufig bei Fellinis Verfilmungen ufert auch die Casanova-Geschichte in ein Abenteuer von epischer Breite aus. Erstmals 1974 erfährt man von Fellinis Plan, den Casanova-Stoff zu verfilmen. Im Dezember 1976 kommt der Film auf

›Casanova‹

›Casanova‹

den Markt. In diesen drei Jahren bleibt Fellini keine Schwierigkeit erspart: vom mehrmaligen Wechsel des Produzenten bis hin zu Auseinandersetzungen mit den Gewerkschaften, zahllosen Polemiken, Entlassung der Filmtruppe und Unterbrechung der Dreharbeiten von Dezember 1975 bis Ende März 1976. Schließlich trugen auch noch der Diebstahl einiger schon belichteter Filmrollen im Mai 1976 sowie die schwierige Wahl des Hauptdarstellers (bevor man den schließlich in Donald Sutherland gefunden hatte, waren Alberto Sordi, Michael Caine, Jack Nicholson und Gian Maria Volonté im Gespräch) das Ihre dazu bei, daß sich die Verwirklichung dieses Films besonders unruhig und aufregend gestaltete – selbst für jemanden, der wie Fellini daran gewöhnt ist, sein Schiffchen auf bewegter See durch Stürme der Produktion hindurch zu steuern, die eines J. Conrad würdig sind. Ebenso wie schon bei Bekanntwerden des Projekts löste auch das Erscheinen des Films eine nicht enden wollende Serie von Polemiken aus, und zwar über die Art und Weise, wie Fellini die Figur des »Kavaliers« Giacomo auf die Leinwand gebracht hatte. Die Gegensätzlichkeit der Kritiken (vgl. z. B. Carlo Laurenzi: »der manieristische und in einem gewissen Sinne langweiligste aller Fellini-Filme«, gegenüber Morando Morandini: »vielleicht der beste aller Fellini-Filme nach *Achteinhalb*«) beweist nur, wie umstritten dieser Film ist. Fellini, der immer gerne Interviews gibt, hat zu seinem Casanova-Film viel gesagt (vielleicht deshalb, weil er da eine Figur porträtierte, von der mehr oder weniger schon alle gehört haben oder etwas wissen, auch wenn nur wenige die »Memoiren« gelesen haben); das meiste von seinen Äußerungen über dieses Werk finden wir in dem bei Cappelli erschienenen Buch wieder. Ich möchte mich hier darauf beschränken, Auszüge aus den Interviews von Aldo Tassone (1. September 1975 in »Gente«) und Valerio Riva (26. Mai 1976 in »L'Espresso«) wiederzugeben. Im ersten sagt Fellini u. a.: »Wer weiß schon, wie Casanova wirklich war? Wir beurteilen ihn nach seinem Buch. (...) Doch er scheint mir ein langweiliger Schriftsteller zu sein, der von einem lauten, unsympathischen und feigen Menschen berichtet: einem Höfling namens Casanova, einem ungeschlachten, aufgeputzten Kerl, der nach Schweiß und Puder stinkt, dem die Borniertheit, die Überheblichkeit und der Dünkel militärischer und kirchlicher Kreise anhaftet, zudem von einem Besserwisser, der stets recht behalten will. Tatsächlich hat es den Anschein, als habe er wirklich immer recht, denn er weiß auf allen Gebieten Bescheid, verhält sich dabei allerdings derart unpersönlich, daß sein Wissen regelrecht störend wirkt. Und er läßt einem nicht einmal die Genugtuung, ihn als Ignoranten zu entlarven. Er übertrifft alles und alle: Er ist 1,91 Meter groß, imstande, so erzählt er jedenfalls, achtmal hintereinander zu lieben; er übersetzt aus dem Lateinischen und dem Griechischen, kennt den ganzen Ariost auswendig, beherrscht die Mathematik, spricht ausgezeichnet Französisch, kannte Ludwig XV. und die Pompadour. Wie kann man sich nur mit einem solchen Mistkerl befreunden?« Seinem Interviewpartner Riva gegenüber erklärte Fellini folgendes: »Was wollte ich mit diesem Werk erreichen? Ich wollte endlich einmal bis zum Wesenskern des Films überhaupt vordringen, endlich einmal den ›totalen Film‹ verwirklichen. Ich wollte dahin kommen, einen Zelluloid-Streifen in ein Gemälde zu verwandeln. Betrachtet man ein Bild, so ist der Genuß vollständig und ohne Unterbrechung. Verfolgt man einen Film, so stellt sich ein solcher Effekt nicht ein. Im Bild ist alles enthalten, man muß es nur entdecken. Der Film dagegen ist ein unvollständiges Bild: Nicht der Zuschauer betrachtet den Film, sondern der Film läßt sich von dem Zuschauer betrachten und zwingt diesem sei-

An einem solchen Anblick ergötzt sich ›Casanova‹ natürlich

nen eigenen Rhythmus, seine eigene Zeitfolge auf. Das Ideale wäre es, einen Film zu schaffen, der nur aus einem einzigen Bild besteht, in dem alles ständig, ununterbrochen und auf vielfältige Weise in Bewegung ist. In *Casanova* wäre ich diesem Ideal – ein ganzer Film, der nur aus festgefügten Gemälden besteht – gerne ganz nahe gekommen. In *Satyricon* hätte ich dieses Ziel fast erreicht. (...) Casanova war auch der geeignete Protagonist für die Verwirklichung einer solchen Filmidee, denn wer ist Casanova? – Eine Marionette, die die Welt mit steinernen Augen betrachtet! In diesem Film gibt es keine richtige Geschichte im eigentlichen Sinne. In Wirklichkeit geschieht eigentlich um Casanova herum gar nichts. Alles, was uns gezeigt wird, ist das, was an den inneren Augen des Helden vorbeizieht. Darum habe ich auch alle Anstrengungen unternommen, um nur der Gestalt Casanovas eine eigene, hölzerne Persönlichkeit zu verleihen, nicht aber den anderen Figuren um ihn herum. Kurz und gut: Casanova ist wie Pinocchio, doch wie ein Pinocchio, der niemals Mensch wird!« Obwohl der theoretisierende Fellini bisweilen reichlich nebulös wirkt, so zeichnen sich seine Anmerkungen zu Figuren, auch zu seinen eigenen Figuren, stets durch funkelnden und geistreichen Witz aus. Man spürt sehr deutlich das Vergnügen des Künstlers, der, einer Eingebung folgend, etwas geschaffen hat, und zugleich den Verdruß eben dieses Schöpfers, der nun pedantisch Rechenschaft über sein Werk ablegen soll. Man wird den Eindruck nicht los, daß der Zwang, sich selbst zu rechtfertigen, sich selbst analysieren zu sollen, Fellini häufig dazu treibt, den Weg des Paradoxen einzuschlagen, seine eigenen Schöpfungen halb spöttisch, halb ernst zu bewerten. Viele Kritiker begehen den Fehler, Fellini nicht nur ernst, sondern »bierernst« zu nehmen, ohne Verständnis dafür, daß es diesem in jedem seiner Filme letzten Endes darum geht, seine bizarren, humorvollen Träume phantasie- und prachtvoll ins Bild zu setzen.
Von Interesse ist vielleicht noch die Anmerkung, daß Fellini in diesem Film wieder einmal einen professionellen Schau-

Donald Sutherland

spieler als Hauptdarsteller einsetzt, nachdem er in einigen anderen Filmen – wie zum Beispiel in *Satyricon* und in *Roma* – mit unbekannten Schauspielern oder Laiendarstellern gearbeitet hatte. *(c.g.f.)*

Kritik: »Reichhaltig, vielseitig, differenziert, vielleicht nicht ganz frei von einer gewissen Ermattung im Tempo der Erzählung, flößt uns der *Casanova* Bewunderung ein, vor allem in jenen Passagen, in denen der Protagonist mit dem Älterwerden eine Menschlichkeit gewinnt, die man ihm geizigerweise zuvor nicht zugebilligt hatte ...«

Dario Zanelli, »Il Resto del Carlino«, Bologna, 19. Dezember 1976

Prova d'orchestra (Orchesterprobe)
Italien/BRD 1979
Regie: Federico Fellini; *Drehbuch:* Federico Fellini, unter Mitarbeit von Brunello Rondi; *Kamera:* Giuseppe Rotunno; *Schnitt:* Ruggero Mastroianni; *Ausstattung:* Dante Ferretti; *Musik:* Nino Rota; *Regieassistenz:* Maurizio Mein, Christa Reeh, Giovanna Bentivoglio; *Produktion:* Daime Cinematografica S.p.A. und RAI-TV (Rom), Albatros Produktion G.M.B.H. (München); erster italienischer *Verleih:* Gaumont-Italien – Freigegeben von der Zensur: 19. Februar 1979 – *Länge:* 70 Minuten.
Darsteller und Personen: Baldwin Baas (Orchesterleiter), Clara Colosimo (Harfenistin), Elisabeth Labi (Pianistin), Bonaldo Bonacchi (Fagottist), Ferdinando Villella (Cellist), Giovanni Javarone (Tubaspieler), David Mauhsell (erster Geiger), Francesco Aluigi (zweiter Geiger), Andy Miller (Oboist), Sibyl Mostert (Flötistin), Franco Mazzieri (Trompeter), Daniele Pagani (Posaunist), Luigi Uzzo (Geiger), Cesare Martignoni (Klarinettist), Umberto Zuanelli (Kopist), Filippo Trinicia (Verantwortlicher fürs Orchester), Claudio Ciocca (Gewerkschaftler), Angelica Hansen und Heinz Kreuger (Geiger), Federico Fellini (Stimme des Interviewers).
Handlung: Im Inneren eines geräumigen, schmucklosen Oratoriums findet die Orchesterprobe für ein Sinfoniekonzert statt. Grüppchenweise betreten die Musiker den Raum und nehmen vor ihren Notenpulten Platz. In einer Ecke sitzen Gewerkschaftsvertreter; ein Fernsehjournalist interviewt die Musiker; jeder von ihnen spricht mit auffälligem Narzißmus von seinem Instrument und von seinen Erfahrungen. Der Di-

›Orchesterprobe‹: Fellini bezeichnete diesen Film als »Fingerübung«

rigent kommt herein, der mit einem starken deutschen Akzent spricht. Die Probe beginnt. Anfangs ist alles ruhig, doch bald rebellieren die Musiker gegen die Weisungen des Orchesterleiters. Der verläßt schließlich den Saal und zieht sich in seine Garderobe zurück, wo er von einem Fernsehjournalisten interviewt wird. Im Oratorium bricht eine Revolte aus: Das Autoritätsprinzip wird abgelehnt, nicht einmal mehr die Autorität der Musik anerkannt. Man inszeniert eine Orgie der Unordnung. Die Wände sind vollgeschmiert mit Protestparolen. Das Gebäude beginnt in seinen Grundfesten zu erzittern. Unter den Schlägen eines riesigen Preßlufthammers durchziehen Risse das Gemäuer. Schließlich durchstößt der Hammer die Wand. Die Harfenistin, von den Trümmern begraben, kommt zu Tode. Verwirrung, Panik, Geschrei. Dann kehrt wieder Stille ein. Inmitten von Staub und Trümmern wird die Probe fortgesetzt. Die Orchestermusiker lassen sich nun willig vom Dirigenten leiten, der ihnen seine Anweisungen in neurotischem, diktatorischem Ton erteilt.

Prova d'orchestra gehört zu den Filmen Fellinis, die am meisten von ihrem Autor offenbaren, und zwar zumindest deshalb, weil es sein einziger »politischer« Film ist. Es ist fast, als habe der große Zauberer plötzlich beschlossen, den Menschen mitzuteilen, daß er genauso wie sie gelebt, den Lauf der Ereignisse erfaßt und das gleiche Unbehagen an der Entwicklung des italienischen Lebens im letzten Jahrzehnt verspürt habe. In der Tat hat sich Fellini niemals so sehr für das Zeitgenössische als solches interessiert. In all seinen Filmen ist er den Eingebungen seiner Phantasie, seiner Erinnerung gefolgt, um eine wahrscheinliche Vergangenheit zu erfinden. So sind alle seine Filme, wenngleich auf verschiedene Weise, im tieferen Sinn des Wortes zurückschauende Werke. Wenn sich Fellini mit dem aktuellen Zeitgeschehen befaßt, so scheint er seine Interpretation des auch als »politische« Realität zu begreifenden Heute möglichst häufig zu abstrahieren. *Prova d'orchestra* nimmt da meines Erachtens eine Ausnahmestellung ein. Der Film macht deutlich, wie sehr Fellini – ebenso wie wir alle – die Hinfälligkeit und Eitelkeit der italienischen Gesellschaft Ende der siebziger, Anfang der achtziger Jahre empfunden hat. Die Gesichter, Worte und Handlungen der Menschen spiegeln tiefes Mißtrauen, tiefe Entmutigung wider. Es hat den Anschein, als spiele eine ganze Nation schlecht und lustlos eine Rolle, bei der Worte und Taten einander nicht entsprechen. Alle lügen so unverblümt, daß man ihnen nicht einmal böse sein und sie der Lüge bezichtigen kann. Der Film ist ein »typischer Fellini« – auch deshalb, weil der Meister hier ganz seiner Vorliebe für Gesichter frönen kann. Fellini arbeitet in diesem Film vor allem mit Komparsen und Statisten, die sichtlich nicht einmal das Instrument beherrschen, das sie spielen sollen. Fellini hat sie, das wird ganz deutlich, nach den Kriterien seiner monströsen Phantasie ausgewählt, die ihn dazu befähigt, im menschlichen Gesicht Zeichen der Banalität, der Abnutzung, der unbarmherzigsten und gräßlichsten »Normalität« herauszufinden.

›Orchesterprobe‹: Baldwin Baas als Maestro, dem die Kontrolle über sein Ensemble zusehends entgleitet

Prova d'orchestra ist in seiner Kürze, Kälte, Rätselhaftigkeit und Klarheit ein erstaunlicher Film – ein Beweis für die tiefe, fast wilde Sensibilität, mit der Fellini durchs Leben kommt. Solange die Dinge einem durchschnittlichen, noch hinnehmbaren Verschleiß ausgesetzt schienen, gestattete er sich, seinen Träumen nachzuhängen, die ja alles in allem der echteste und reellste Teil eines jeden Menschen sind. Doch als dann die Gefahrengrenze des Erträglichen überschritten war, kam die alte Schlagfertigkeit des jungen Fellini wieder zum Vorschein. Das Ergebnis der Entwicklung ist *Prova d'orchestra* mit seinen verschlampten, lebensmüden Italienern, mit seiner eindringlichen Apologie, seiner überdeutlichen, provozierenden Aussage. Die Reaktionen waren wie immer sehr geteilt. In vielen Kritiken kommt das Unverständnis gegenüber der prononcierten, absichtsvollen Ironie des Films zum Ausdruck, gegenüber seiner zwar abstrakten, extravaganten, aber doch unmißverständlichen allegorischen Tonart. Fast gewinnt man den Eindruck, Fellini habe diese nachgerade langwierige und aus allen Fugen geratene Nachkriegszeit im Stile eines genialen Traumwandlers durchlebt, indem er Geräusche, Worte, Moden und Konventionen zwar wahrnahm, dann allerdings nichts weiter als seine ganz persönlichen, individuellen Reaktionen hierauf wiedergibt.
Wieder einmal schließlich wird einem ganz deutlich vor Augen geführt, wie ausgeprägt Fellinis Fähigkeit ist, die Echos seiner Zeit einzufangen und in eine große Traumballade einfließen zu lassen. *(c.g.f.)*

Kritik: »Fellinis Fabel ist bitter – ja, ich würde sogar sagen: verzweifelt und beängstigend. Über die kleinen Bildschirme in das Dunkel der Wohnungen hineingestrahlt, wird der Film bei vielen, nicht nur italienischen Zuschauern, die unsere Art zu leben in Frage stellen, Bestürzung hervorrufen – dank der Qualität dieser *Orchesterprobe,* die unsere eigene Probe symbolisiert, mit der wir tagtäglich konfrontiert werden ...«

Giorgio Strehler, »Corriere della Sera«, Mailand/Rom, 14. März 1979

»Wir meinen, daß es richtig ist, Fellinis Wende zum Pessimismus hin zu unterstreichen. In *La dolce vita* (...) vermittelte er Empörung, aber auch Hoffnung. In *Prova d'orchestra* gibt es keine Hoffnung mehr. Wir erleben das Sterben der Musik, das Aufeinanderprallen zweier feindlicher Blöcke – der Orchestermusiker und des Dirigenten. Beide Seiten gehen aus dieser Auseinandersetzung, um einen amerikanischen Ausdruck zu verwenden, als *losers,* als Verlierer, hervor. Dieser Eindruck verstärkt sich noch dadurch, daß es sich bei der umstrittenen Musik nicht etwa um Bach oder um Beethoven, also um eine Sache, die des Streitens wert wäre, handelt, sondern um eine schlampige, langweilige Partitur, die Nino Rota absichtlich und sehr gekonnt komponiert hat (denn es ist auch eine Kunst, scheußliche Musik zu schreiben). *Prova d'orchestra* muß nicht nur vor dem Hintergrund von *La dolce vita,* sondern auch vor den düsteren Visionen der Welt gesehen werden, die in *Casanova* dargestellt werden ...«

Callisto Cosulich, »Pease Sera«, Rom, 23. Februar 1979

La città delle donne (Die Stadt der Frauen/Fellini's Stadt der Frauen)
Italien/Frankreich 1980
Regie: Federico Fellini; *Drehbuch:* Federico Fellini, Bernardino Zapponi, in Zusammenarbeit mit Brunello Rondi; *Kamera:* Giuseppe Rotunno; *Schnitt:* Ruggero Mastroianni; *Ausstattung:* Danta Ferretti; *Kostüme:* Gabriella Pescucci; *Musik:* Luis Bacalov; *Regieassistenz:* Maurizio Mein, Giovanna Bentivoglio, Franco Amurri; *Produktion:* Opera Film Produzione S.r.l., Rom/Gaumont S.a., Paris – *Verleih:* Gaumont Italien – *Länge:* 139 Minuten.
Darsteller und Personen: Marcello Mastroianni (Snàporaz), Anna Prucnal (Elena), Bernice Stegers (Dame im Zug), Donatella Damiani (Soubrette), Iole Sivani (Motorradfahrerin), Ettore Manni (Dr. Sante Katzone), Fiametta Baralla (Onlio), Helenc G. Calzarelli (Feministin), Cathérine Carrel

(Kommandeuse), Marcello Di Falco (ein Sklave), Silvana Fusacchia (Rollschuhläuferin), Gabriella Giogelli (Fischverkäuferin), Dominique Labourier (Feministin), Stephane Emilfork (Feministin), Sylvie Mayer (Feministin), Meerberger Nahyr (Feministin), Francesca Libertucci (Feministin), Sibilla Sedat (Richterin), Alessandra Panelli (Casalinga), Loredana Solfizi (Feministin im Haus von Katzone), Rosaria Tafuri (Soubrette), Carla Terlizzi (die zehntausendste Geliebte von Katzone), Katren Gebelein (die Frau mit den sechs Ehemännern), Nadia Vasil (Feministin), Fiorella Molinari (Punk-Mädchen), Sylvie Wacrenier (Feministin), Jill und Viviane Lucas (die Zwillinge), Armando Parracino, Umberto Zuanelli, Pietro Fumagalli (drei Clowns), Mara Ciukleva (Kellnerin).

Handlung: Snàporaz, ein gutaussehender Herr um die Fünfzig, sitzt dösend im Abteil eines fahrenden Zuges. Sein Interesse wird durch das Erscheinen einer üppigen Unbekannten geweckt. Er folgt ihr bis zur Toilette. Plötzlich hält der Zug auf freier Strecke. Die Frau steigt aus, und Snàporaz folgt ihr. Stets auf den Spuren dieser Frau, durchquert er Felder und Wälder und erreicht das »Grand Hotel Miramare«, in dem gerade ein großer Feministinnenkongreß mit Teilnehmerinnen aus allen Ländern und jeden Alters stattfindet. Noch immer auf der Suche nach der mysteriösen Reisegefährtin irrt Snàporaz durch die Menge der Frauen. Er wird für einen Journalisten gehalten und von einer Gruppe von Kongreßteilnehmerinnen in arge Bedrängnis gebracht. Ein hübsches Mädchen auf Rollschuhen befreit ihn aus seiner mißlichen Lage. Snàporaz fällt eine Treppe hinunter und landet in einem Keller. Dort trifft er auf die Frau, die den Heizkessel wartet und sich anbietet, ihn mit einem Motorrad zum nahegelegenen Bahnhof zu begleiten. Als die beiden das freie Feld erreicht haben, versucht ihn die Frau zu vergewaltigen. Snàporaz flieht, wird aber von zwei Autos mit wildgewordenen Feministinnen verfolgt. Im nächtlichen Dunkel findet er Zuflucht in der festungsartig ausgebauten Villa des Dr. Sante Katzone, eines alten Schulkameraden. Der feiert an diesem Abend mit zahl-

reichen Freunden und umgeben von erotischen Erinnerungsstücken seiner großen Karriere als Libertin seine zehntausendste Eroberung. Snàporaz entdeckt unter den Gästen seine angetrunkene Frau Helena, die ihn beleidigt, und außerdem die rollschuhlaufende Soubrette. Die Feministinnen stürmen Katzones Villa. Snàporaz entkommt auf einer Achterbahn, erlebt seine Kindheit in Rimini und vor allem die Zeit der ersten Entdeckung der Weiblichkeit wieder. Snàporaz wird schließlich doch von den Feministinnen gefangen. Man macht ihm den Prozeß, setzt ihn aber wieder in Freiheit.

›Fellini's Stadt der Frauen‹

Er begibt sich auf die Suche nach der idealen Frau, die er in einem Luftschiff in Frauengestalt verkörpert findet. Er erhebt sich mit diesem Luftschiff in die Lüfte, als dieses durch eine Maschinengewehrgarbe der Soubrette zum Absturz gebracht wird. Snàporaz fährt aus dem Schlaf auf und findet sich wieder in dem fahrenden Zug, seiner Frau gegenüber sitzend. Während der Zug in einen langen Tunnel einfährt, schließt Snàporaz die Augen.
Schon lange hegte Fellini das Projekt zu diesem seinem vorerst letzten Film. So existieren kleine Zeichnungen, in denen er schon vor vielen Jahren Gestalten und Situationen skizzierte, die sich dann im Film ganz ähnlich verwirklicht finden. Das ist gewiß kein Zufall, denn Fellini ist ein zutiefst sinnli-

cher Regisseur, doch ist seine Sinnlichkeit jugendlich hausbacken, antiquiert und zwanghaft. Er ist der Gymnasiast geblieben, der Bordelle und drittklassige Varietés noch immer voller Staunen und minutiöser Genauigkeit darstellt und eine ebenso üppige wie schäbige, herzliche und ironische Weiblichkeit in einer Weise besingt, die ganz im Gegensatz steht zu der modernen Art, Frauen zu beschreiben, zu analysieren und wiederzugeben. Der Fellini dieses Films erinnert an den jugendlichen Federico der Zeitschrift »Marc'Aurelio«, der in überfeinerten, selbstvergessenen Skizzen von seinen ersten Erfahrungen mit dem Eros berichtete. Snàporaz' verblüffte Skepsis angesichts der revoltierenden Frauen wirkt auf uns letztlich wie die bestürzende Antwort des jungen Federico auf all die Fragen, die sich ihm damals stellten. Daß er gerade

Marcello Mastroianni in ›Fellini's Stadt der Frauen‹

auch in diesem Film die Hauptrolle wieder Marcello Mastroianni anvertraute, ist erklärbar: Er hat ihn immer geholt, wenn er ein vollkommenes und bereitwilliges »Alter ego« brauchte. Gewiß hat dieser Film bei vielen Fellini-Anhängern eine gewisse Ratlosigkeit hinterlassen. Doch das ist keineswegs besorgniserregend. Auch andere Fellini-Filme haben die Zuschauer schon verunsichert, und letztlich hat doch immer er recht behalten mit seiner Art, Kino zu begreifen und zu schaffen. *(c.g.f.)*

Kritik: »In *La città delle donne* scherzt Fellini. Man glaube nur nicht, er habe hier eine tiefschürfende Untersuchung der Frauenfrage oder der weiblichen Natur angestrebt. (...) Es ist ein Spiel mit einigem Leerlauf. (...) Und des öfteren mit Einfällen, denen es zu verdanken ist, daß die insgesamt recht veraltete und an mehreren Stellen reichlich fadenscheinige Handlung belebt wird. Vorherrschend ist eine überraschend heitere Klarheit. (...) Vielleicht kann man sagen, daß *La città delle donne* ein Werk mit einem tragischen Grundton ist, aber letztlich gleichwohl fröhlich und von befreiender Komik wirkt.«

Francesco Bolzoni, »L'Avvenire«, Mailand, 29. März 1980

»Was soll man weiter dazu sagen, als daß wir ›einen typischen Fellini-Film‹ sahen: ein pralles, opulentes Traumbild mit einigen ermüdenden Geschmacksverirrungen, durchzogen von einer fast greifbaren Angst und von merkwürdigen Vorahnungen ...«

Carlo Laurenzi, »Il Giornale«, Mailand, 29. März 1980

E la nave va (Fellini's Schiff der Träume)
Italien/Frankreich 1983
Regie: Federico Fellini; *Drehbuch:* Federico Fellini, Tonino Guerra (Operntexte Andrea Zanzotto); *Kamera:* Giuseppe Rotunno; *Schnitt:* Ruggero Mastroianni; *Ausstattung:* Dante Ferretti; *Kostüme:* Maurizio Millenotti; *Musik:* Gianfranco Plenizio; (Orchester und Chor: Rai Radiotelevisione Ita-

liana); *Regieassistenz:* Giovanni Arduino, Andrea De Carlo; *Produktion:* Franco Cristaldi, Aldo Nemni für Rai Radiotelevisione und Vides Produzione (Italien), Gaumont (Frankreich) – Gedreht in Cinecittà – *Verleih:* Concorde – *Länge:* 132 Minuten.

Darsteller und Personen: Freddie Jones (Orlando), Barbara Jefford (Ildebranda Cuffari), Victor Poletti (Aureliano Fuciletto), Peter Cellier (Sir Reginald Dongby), Elisa Mainardi (Teresa Valegnani), Norma West (Lady Dongby), Paolo Paoloni (Meister Albertini), Sarah Jane Varley (Dorotea), Fiorenzo Serra (Großherzog von Harzock), Pina Bausch (Prinzessin Lherimia), Pasquale Zito (Graf Bassano), Janet Suzman (Edmea Tetua), Linda Polan (Ines Ruffo Saltini), Philip Locke (erster Minister), Jonathan Cecil (Ricotin), Maurice Barrier (Ziloev), Fred Williams (Sabatino Lepori), Elizabeth Kaza (Produzentin), Colin Higgins (Polizeichef), Vittorio Zarfati (Maestro Rubetti 2), Umberto Zuanelli (Maestro Rubetti 1), Ugo Frangareggi, Claudio Ciocca, Antonio Vezza, Alessandro Partexano, Domenica Pertica, Christian Fremont, Marielle Duvelle, Helen Stirling.

Sänger und Sängerinnen: Mara Zampieri (Ildebranda Cuffari), Elizabeth Norberg Schulz (Ines Ruffo Saltini und erster serbischer Sopran), Nucci Condo (Teresa Valegnani), Giovanni Bavaglio (Aureliano Fuciletto), Carlo Di Giacomo (Sabatino Lepori), Boris Carmeli (Ziloev), Bernadette Lucarini (zweiter serbischer Sopran), Bruno Beccaria (serbischer Tenor).

Handlung: Juli 1914. An der Pier Nr. 10 im Hafen von Neapel liegt der Ozeandampfer »Gloria N« bereit, in See zu stechen. Im Morgengrauen bahnen sich Pferdekutschen und auf Hochglanz polierte Automobile einen Weg durch die im Hafen versammelte Menge von Gassenjungen und Straßenverkäufern. Die Fahrzeuge bringen die Passagiere zur »Gloria N«, die dort eilig an Bord gehen. Auch Waren und Proviant aller Art werden an Bord gebracht. Ein von vier Pferden gezogener Leichenwagen befördert die Asche der berühmten

›Fellini's Schiff der Träume‹: auf der »Gloria N.« treffen sich Größen und Möchtegern-Größen, denen nichts wichtig ist, außer sie selbst

Opernsängerin EdemaTetua. Ziel und Zweck der Kreuzfahrt ist es, die sterblichen Überreste der »Göttlichen« vor der Küste der Insel Erimo, ihrem Heimatort, dem Meer zu übergeben. An der Fahrt nimmt auch Orlando teil, ein Journalist, der die Zuschauer durch die Geschichte führt, indem er Anekdoten erzählt und die einzelnen Figuren mit ihren Geschichten und lächerlichen Manien vorstellt. Das letzte Geleit gibt dem verblichenen Opernstar ein wahres menschliches Panoptikum: Sänger, Impresarios, Gesangslehrer, Dirigenten, adelige Verehrer der Diva. Die Sopranistin Ildebranda möchte dem Geheimnis von Edemas Stimme auf die

Spur kommen. Ein italienischer Graf verläßt seine Kabine nicht, die er in einen Tempel zur Verehrung der geliebten Tetua verwandelt hat. Ein Komiker reist in Begleitung seiner Mutter und wirft den Matrosen lüsterne Blicke zu. Ein überaus eifersüchtiger englischer Lord spioniert seiner nymphomanen Ehefrau hinterher. Ein preußischer Großherzog umgibt sich auf der Schiffsreise mit einem kleinen Hofstaat. Seine blinde Schwester, mit den Gaben eines Mediums ausgestattet, ist in ein Komplott mit dem Premierminister, ihrem Geliebten, verwickelt, um den Bruder abzusetzen. Ein russischer Sänger hypnotisiert mit seiner mächtigen Baßstimme Hühner. Aus dem Laderaum des Schiffes quillt unerträglicher Gestank: Dort hat ein krankes, vielleicht liebeskrankes Nashorn seinen Platz. Man beschließt, das Tier an Deck zu hieven

›Fellini's Schiff der Träume‹

und zu waschen. Am dritten Tag nimmt der Dampfer eine Gruppe serbischer Schiffbrüchiger an Bord, die nach dem Attentat von Sarajevo aus ihrer Heimat geflüchtet sind. Das Bordleben wird durch folkloristische Momente bereichert. Gefolgsleute des Großherzogs verbreiten das Gerücht, bei den Schiffbrüchigen handle es sich um gefährliche Anarchisten. Daraufhin werden die Schiffbrüchigen in einer Ecke des Schiffs isoliert, wo sie einen Tanz improvisieren, dessen ausgelassene Fröhlichkeit die anderen Passagiere ansteckt. Das Flaggschiff der K. u. K.-Flotte nähert sich: Man verlangt die sofortige Auslieferung der Schiffbrüchigen. Der Kapitän der »Gloria N« weigert sich. Der Großherzog erreicht, daß die Kreuzfahrt ungestört bis zum Abschluß der Trauerfeierlichkeiten fortgesetzt werden kann. In Sichtweite von Erimo wird Edemas Asche in den Wind verstreut. Die Schiffbrüchigen müssen nun die Rettungsboote besteigen, um an die Österreicher ausgeliefert zu werden. Ein junger Serbe wirft eine Bombe auf das feindliche Flaggschiff, das daraufhin seine Kanone abfeuert. Die »Gloria N« geht unter. Unter Leitung des Dirigenten stimmen die Passagiere einen Chor an. Viele versuchen, die Rettungsboote zu erreichen. Das Flaggschiff explodiert in einer dichten Pulverwolke und reißt das Rettungsboot, in dem sich der Großherzog befindet, mit in die Tiefe. Eine abrupte Kamerafahrt rückwärts offenbart, daß das Unglück der »Gloria N« ein Werk der für Spezialeffekte zuständigen Techniker von Studio 5 in Cinecittà ist. Das Bild der Kamera verengt sich wieder und zeigt Orlando, den Journalisten, der mit den überlangen Rudern eines großen Rettungsbootes herumfuchtelt. Er berichtet den Zuschauern, daß viele der Passagiere der »Gloria N« sich von Bord des Schiffes retten konnten. Dann fügt er hinzu: »Wußten Sie, daß Nashörner eine ausgezeichnete Milch produzieren?« Das in den Bug des Bootes verfrachtete Nashorn kaut gemütlich an einem Bündel Gras. Orlando kichert amüsiert und rudert tüchtig weiter, bis das Boot am Horizont eines Plastikmeeres verschwindet.

Den Weltuntergang ad absurdum geführt: ›Fellini's Schiff der Träume‹

Ich erinnere mich noch des Augenblicks, da im Lido von Venedig, wo der Film außer Konkurrenz für die Presse vorgeführt wurde, die Lichter wieder angingen. Schon als das letzte Bild über die Leinwand flimmerte, fühlte ich, eingekeilt in die Menge, physisch die gegensätzlichen Reaktionen des Publikums, die wie der Duft einer Zigarre oder raffinierter kulinarischer Genüsse förmlich in der Luft lagen. Dabei teilten sich die Ansichten nicht so sehr nach Alter oder Bildung als vielmehr nach ethnischer Zugehörigkeit: Perplexität bei den meisten Italienern, Begeisterung bei den meisten Ausländern, denen die Unkenntnis der Sprache einerseits die Beurteilung des Films erschwerte, andererseits aber wiederum erleichterte. Weil sie nämlich durch die Sprache nicht abgelenkt wurden, konnten sie sich ganz und gar auf die Bilder konzentrieren. Ihre Reaktionen sind daher besser, wesentlicher und treffender. Bei vielen Italienern wandelte sich die anfängliche Verwirrung in verhaltene Zustimmung gegenüber dem Mythos Fellini. Gewiß hat dieser Fellini, zwischen den fabelhaften Einfällen eines großen Magiers (man denke nur an die herrliche, stumme Einstellung zu Anfang) und den hochkarätigen hämisch-grotesken Spielereien (wie zum Beispiel in der Gesangsszene inmitten der lärmenden Schiffsmaschinen) hin und her gerissen, einen Teil der Kritiker und später des Publikums erstaunt und verwirrt, hatte man sich doch in all den Jahren mühsam ein festes Bild von Fellini gebastelt und fand sich nun nicht mehr zurecht in diesem Streifen, in dem Fellini alle Formen der Parodie ausgeschöpft und den Zuschauer zu guter Letzt noch mit einer völlig unerwarteten Kapriole genarrt hat. Um die Wahrheit zu sagen, auch in Italien bemühten sich einige, den Film zu verstehen. Andere haben dann allerdings die »kleine Fabel«, von der Fellini ausdrücklich gesprochen hatte (die sich aber – wie stets bei Fellini – zu einer »Riesenfabel« aufgebläht hatte), mit grenzenlosem Tiefsinn befrachtet. In Wirklichkeit verfolgt Fellini (wie immer) ganz fröhlich seine Gespenster. Hier kommt noch akzentuierter sein von Witz funkelnder Erzählstil zum Ausdruck, der seinen Hang zur Übertreibung, zum verdrehten Einfallsreichtum und zur genialen Karikatur unterstreicht. Obwohl Fellini diesmal auf das hinlänglich bekannte Beiwerk seiner bisherigen Erfahrungen verzichtet, bleibt er gleichwohl ein fürstlicher Fragmentist, der seine Einfälle in extravaganten und barocken Bildern austobt, die zuweilen unangenehme, trübe und seherische Seiten haben. Es muß hier hervorgehoben werden, daß *E la nave va* ein zwanghaft persönlicher Film ist, in dem Fellini all den Extrakt seiner bisherigen Erfahrungen in überreichem Maße eingebracht hat. Im Zusammenhang mit diesem Film war »vom ersten Akt der dritten Lebensphase Fellinis« die Rede. Mir hingegen erscheint dieser Film eher einer von jenen ewig heiteren »Traumintervallen« zu sein, die Fellinis Leben als Filmschaffender in verschiedene Phasen gliedern. Ohne in allzu simple Vergleiche verfallen zu wollen, erscheint es mir doch unzweifelhaft, daß nur Ingmar Bergman dem Vergleich mit Fellini standhält. Mit völlig unterschiedlichen Mitteln und Möglichkeiten ist es beiden Regisseuren gelungen, nicht nur jegliche Art von Schwierigkeiten zu überwinden, sondern sogar die Spielregeln selbst zu diktieren, ja sich zuweilen gar den unerhörten Luxus von Freiräumen zu schaffen. *(c.g.f.)*

Kritik: »Ein Fellini ohne Fellinismen, ein Film über Musik, der sich an der Musik orientiert (da fehlt allerdings Nino Rota, und das merkt man ...) und der ganz im Zeichen der Trauer steht. Doch es ist eine heitere, leise, distanzierte Trauer. Der Film ist reich an schönen Momenten und ohne szenische Abartigkeiten – alarmierend und dann und wann beängstigend, aber auch amüsant und fröhlich, von einer ruhigen und zaghaften Liebe zum Leben erfüllt. *E la nave va* ist anders als die bisherigen Werke Fellinis: Er erscheint wie die erste Etappe in der dritten Phase seines Lebens ...«

Morando Morandini, »Il Giorno«, Mailand, 7. Oktober 1983

» ... Der Fellinische Pessimismus soll nicht abschreckend auf den Zuschauer wirken und ihn nicht an einen düsteren, schulmeisterlichen Film denken lassen. *E la nave va* ist ganz im Gegenteil ein Film, der von Anfang bis Ende von einer fröhlichen, vergnügten Stimmung erfüllt ist, die Figuren wie Situationen sind auf das köstlichste mit Leben erfüllt. Gestalten und Szenen sind häufig unwiderstehlich und stets faszinierend dank der Genialität, des Einfallsreichtums und der Pracht der Bilder ...«

Paolo Valmarana, »El Popolo«, Rom, 8. Oktober 1983

Ginger e Fred (Ginger und Fred)
Italien 1985
Regie: Federico Fellini; *Drehbuch:* Federico Fellini, Tonino Guerra, unter Mitwirkung von Tullio Pinelli; *Kamera:* Tonino Delli Colli, Ennio Guarnieri; *Schnitt:* Nino Baragli, Udo De

Rossi, Ruggero Mastroianni; *Musik:* Nicola Piovani; *Produktion:* Alberto Grimaldi für Stella/Bibo TV/Anthea/PEA/Revcom – *Verleih:* Tobis/Thorn-EMI Video – *Länge:* 126 Minuten. *Darsteller und Personen:* Giulietta Masina (Ginger alias Amelia), Marcello Mastroianni (Fred alias Pippo), Franco Fabrizi (Showmaster), Friedrich von Ledebur (Admiral), Augusto Poderosi, Martin Maria Blau, Friedrich von Thun, Jacques Henri Lartigue.

Handlung: Auf Gleis Nr. 5 der Stazione Termini (A. d. Ü.: Roms Hauptbahnhof) fährt ein Zug ein. Ihm entsteigt Amelia Bonetti, mit dem Künstlernamen Ginger, eine Witwe mit großer Familie und einem kleinen Betrieb in Santa Margherita Ligure. Ginger ist nach Rom gereist, um in der populären Fernsehsendung »Da sind sie für Euch« aufzutreten, in der sie zum ersten Male nach dreißig Jahren wieder mit ihrem ehemaligen Tanzpartner Pippo Botticella – Künstlername Fred – tanzen soll. Es ist Weihnachtszeit, und ein riesiger Zampone (A. d. Ü.: gefüllter Schweinsfuß) ziert als Werbung die Bahnhofshalle. Aus dem »infernalischen« Durcheinander heraus wird Ginger endlich in einen Kleinbus verfrachtet, in dem sie die Bekanntschaft einiger merkwürdiger Gestalten macht: zweier Doppelgänger des Schauspielers Lucio Dalla, eines vertrottelten Admirals, eines Transvestiten usw. Alle steigen im Hotel »Manager« ab. Dessen Personal interessiert sich allerdings nur für das im Fernsehen laufende Fußballspiel. Auf den Fluren begegnet Ginger weiteren Doppelgängern: Clarke Gable in Begleitung von Marcel Proust. Um der Einsamkeit in ihrem Zimmer und dem Werbefernsehen zu entfliehen, irrt Ginger im Hotel umher, das von Menschen bevölkert ist, die fast alle die Kopie eines anderen sind. Fred ist noch nicht eingetroffen. Ginger verläßt das Hotel und wird auf der Straße in bedrohlicher Weise von einer Motorradfahrer-Gang umzingelt. Sie kehrt in ihr Zimmer zurück – wo ihr das Fernsehen noch immer Werbung bietet. Im Nebenzimmer hört man jemand schnarchen. Ginger geht und klopft an die Tür: Es öffnet der völlig verschlafene Pippo, alias Fred. Die

Marcello Mastroianni und Giulietta Masina in ›Ginger und Fred‹

beiden erkennen sich kaum wieder. Fred, stark gealtert und mittlerweile zu einem von der Ehefrau verlassenen Trinker verkommen, verdient sich seinen Lebensunterhalt, indem er Enzyklopädien gegen Ratenzahlung verkauft. Die von der Fernsehanstalt versprochene Gage von achthunderttausend Lire hat ihn nach Rom gelockt. Am nächsten Tag wollen die beiden ihre Tanznummer proben. Doch in dem allgemeinen Chaos ist das unmöglich. In dem Kleinbus, mit dem sie in die Fernsehanstalt fahren, und in der Studiobar häufen sich die Begegnungen mit zahllosen menschlichen Kuriositäten; unter ihnen Mutter und Sohn, die Stimmen von Toten aufnehmen: ein Mafiaboß, der gerne singt; ein Mönch, der im Trancezustand frei schweben kann; die angebliche Geliebte eines außerirdischen Wesens; ein »parzellierter« Schriftstel-

Marcello Mastroianni hat kurz vor seinem Auftritt einen Kampf mit einem Übermächtigen riskiert, jetzt muß man ihn wieder fernsehgerecht herrichten: ›Ginger und Fred‹

ler. Sie alle gehören zu den skurrilen Gästen der Sendung »Da sind sie für Euch« – einer Unterhaltungssendung, die von einem Conférencier moderiert wird, dessen vulgäres Benehmen hinter den Kulissen seinen lächelnden Anbiederungsversuchen vor den Kameras entspricht. In einem ausrangierten Bad versuchen Ginger und Fred in ihren alten Kostümen zu proben – ein einziges Desaster! Ginger will am liebsten alles hinschmeißen, wird jedoch vom Präsidenten der Fernsehanstalt umgestimmt. Die Sendung beginnt. Vor einem auf Kommando klatschenden Publikum erscheinen im Licht der Kameras: ein ehemaliger Priester mit seiner Verlobten; ein Hersteller eßbarer Damenslips; vierundzwanzig tanzende Liliputaner; eine Hausfrau, die von ihrer traumatischen Erfahrung berichtet, einen Monat lang ohne Fernsehen auszukommen. Bei jedem neuen Aufruf rücken Ginger und Fred einen Platz weiter vor. Nun kommt ihr Auftritt. Doch, kaum erklingen die ersten Töne des Schlagers »The Continental«, da kommt es zu einem *black-out.* Im Dunklen,

Giulietta kurz vor ihrem großen Auftritt in ›Ginger und Fred‹

auf dem Boden sitzend, sprechen Ginger und Fred, wahrscheinlich zum ersten Mal in ihrem Leben, ehrlich miteinander. Beide würden am liebsten alles im Stich lassen und verschwinden. Als sie sich davonstehlen wollen, kommt der Strom wieder, und die beiden beginnen noch einmal ihren Tanz. Beim Steppen zu den »Cheek to Cheek«-Klängen erleidet Fred einen Wadenkrampf und kommt zu Fall. Tröstender Applaus – sie tanzen weiter, und nun geht alles wie am Schnürchen. Der Erfolg ist groß! Sie werden aber sofort von der Bühne hinwegkomplimentiert – der vertrottelte Admiral ist an der Reihe! Am nächsten Tag nehmen Ginger und Fred am Bahnhof Abschied voneinander. Irgend jemand erkennt sie wieder und bittet um ein Autogramm. Ginger borgt Fred etwas Geld. Sie steigt in den Zug. Aus dem Fenster blickt sie zum Abschied melancholisch Fred hinterher. Der ist auf dem Weg zur Bahnhofsbar. Der Zug fährt an. Die Lichter des Bahnhofs erlöschen. Eingeschaltet bleibt nur ein Fernseher – auf der Mattscheibe flimmern wie immer Werbespots.
Die Reaktionen auf diesen Film zeigen erneut, wie schwierig es Fellini in seinem Beruf hat, auch wenn ihm ausdrücklich uneingeschränktes Lob zuteil wird und die Vorbehalte minimal sind. Man erwartet stets ungewöhnlich viel von Fellini; stets soll er uns mit einem neuen und unerwarteten Einfall überraschen, mit einem unbekannten Trick aus seinem Zauberkasten, den wir doch vermeintlich so genau kennen. Das bringt es mit sich, daß auch die Zustimmung, die subtile Lust an einer individuellen oder gemeinsamen Entdeckung stets von einer geheimen, unmerklichen Enttäuschung überschattet ist. Man hat den Eindruck, daß alle »Mehr! Mehr! Noch mehr!« schreien – wie Kinder im Zirkus. Dabei ist in *Ginger e Fred* alles so klar durchschaubar, daß es regelrecht beeindruckt, wie meisterhaft Fellini hier die bei ihm schon gewohnte audiovisuelle Schaubude gelungen ist. Da ist alles vertreten: der antike Hauch des pathetisch-ironischen Erlebens zu zweit – in der Art, wie es Fellini schon zu Zeiten des »Marc'Aurelio« gerne darstellte –; außerdem die bald streng

Alles geht gut beim ersten Auftritt, den Ginger und Fred nach 30 Jahren wieder gemeinsam haben, bis Fred das große Malheur passiert ... doch das Publikum findet auch das hinreißend: ›Ginger und Fred‹

realistische, bald völlig verklärte Schilderung unserer Alltagswelt mit all ihren Schäden und Zerstörungen, die Fellini seit einigen Jahren (seit vielen Jahren) so bereitwillig aufgreift; und dann ist da selbstverständlich Rom, das in vielen seiner Filme und in seinem Bewußtsein eine so große Rolle spielt, seitdem er (vor etwa fünfzig Jahren) die Stadt zu seiner zweiten, gastlichen, aber schwierigen Heimat erkor. Seine Ehefrau und der alte Freund Marcello beherrschen die Szene. Hinzu kommt das Fernsehen, dem er teils belustigt, teils erstaunt gegenübersteht – wahrscheinlich im Bewußtsein, wie inzwischen fast alle Italiener ein Sklave der »Glotze« zu sein, in einem Land, das gerade in den letzten Jahren (nach einem rasanten Übergang vom strengsten Monopol zur zügellosesten Fernseh-Freizügigkeit ohne spürbare Regeln) schlagartig der höchsten »Mattscheiben-Überdosis« Europas, wenn nicht gar der Welt ausgesetzt wurde. All das ist in diesem Film enthalten, und außerdem die Lust am Rummel, an der lärmenden Parodie, an visuellen und verbalen Exzessen, zu denen sich bei Fellini häufig noch ein überfeinerter, müder Zug gesellt, und dann kurze Augenblicke extremer Melancholie, die die gleißende Oberfläche des Werkes wie verborgene Äderchen durchziehen. Selbstverständlich darf man von Fellini, diesem meisterhaften Fabulierer, keine exakte, »realistische« Schilderung erwarten: So entspricht z. B. die wirkliche »Stazione Termini« nicht ganz derjenigen des Filmes, und eine Fernsehshow, wie sie uns hier vorgeführt wird, gibt es wohl auch nicht, obwohl wir auf allen Kanälen mit Ansagern, Moderatoren, Conférenciers und Showmastern konfrontiert werden, deren Vulgarität und penetrante Dummheit uns viel mehr zusetzt als hier im Film die von Franco Fabrizi mit einem Rest schäbigen Charmes dargestellte Figur. In der liebenswerten, ganz und gar nicht verbitterten Traurigkeit, in dem Vergnügen, mit dem – zumindest dem Anschein nach – diese leicht theatralische Fabel wiedergegeben wird, entdekken wir eine neue Reife, eine wiedergefundene Einfachheit, die uns nach der angestrengten Manieriertheit in einigen seiner früheren Filme in Erstaunen versetzt. Paradoxerweise ist es, als habe Fellini sich verjüngt, und indem er alle Möglichkeiten ausnutzt, die ihm die Geschichte bietet, schenkt er uns etwas, das die fröhlichsten und menschlichsten Züge seines Charakters aufscheinen läßt: den melancholischen Schwank, dessen Vorbild die Boulevardkomödie alten Stils zu sein scheint. Dabei ist er sich in fast tragischer Weise des Zwiespalts bewußt, der sich daraus ergibt, daß wir zwar in einer uralten Nation, aber in einem sehr jungen Staat leben – mit all den Widersprüchlichkeiten, die sich aus dieser Situation ergeben. Um diesen Zeitgeist – nicht exakt und minutiös, sondern pauschal und in seinen übertriebenen Äußerungen – einzufangen und um sein unbestimmtes Unbehagen daran auszudrücken, hat Fellini sich einfacher und klarer Muster, der Schaumschlägerei, des Verwirrspiels, der echten und erdachten Erinnerungen bedient. Darüber hinaus zeichnet uns dieser Film ein ganz besonderes Bild von Rom – als einer Stadt, die sich von einem ruhigen und sauberen Provinznest in ein mittelorientalisches Chaos, in ein technologisches Super-Kairo verwandelt hat, in eine Stadt, die ihre ehemals blühenden Gärten vernachlässigt und sich statt dessen rühmt, die drittgrößte Industriestadt Italiens zu sein. Dies alles und vieles mehr ist *Ginger e Fred,* und es ist auch ein Stück Fellini mit all seiner Vergangenheit, mit seiner Zukunft, mit seiner ebenso zerstreuten wie akribischen Art, seine Träume, seine ironischen Sinnesänderungen zu dokumentieren. Darin zeigt sich Fellinis seltene, keiner Mode unterworfene, zeitlose Genialität. *(c.g.f.)*

Kritik: »Der positive Teil in der Satire *Ginger e Fred* führt uns die melancholische, doch keineswegs resignierende Sehnsucht nach einer früheren, ganz anders gearteten und natürlicheren Welt vor Augen. Der Angriff gilt dem Fernsehen, das hier stellvertretend steht für den aktuellen Trend zum Ordinären, der sich in der italienischen Gesellschaft breitmacht. Man hat behauptet, Fellini habe mit diesem Film ein italienisches *Nashville* – zugleich ein hämisches Oratorium – schaffen wollen. Es gibt da aber einen Unterschied: Die Fernsehwelt in *Ginger e Fred* ist von physischen und moralischen ›Monstern‹ bevölkert, denen von jeher Fellinis ironische und liebevolle Aufmerksamkeit gilt. In *Nashville* dagegen sehen wir uns normalen Amerikanern gegenüber. Fellinis ›Monster‹ legen Zeugnis ab für den Sieg der visionären Phantasie über die klare und nüchterne Beobachtungsgabe ...«

Alberto Moravia, »L'Espresso«, Rom, 2. Februar 1986

»Fellinis Fernsehen ist einfach zuviel. Zuviel von allem, zuviel auf einmal. Man lacht, erkennt, was mit der Anspielung gemeint ist. Doch dieses Fernsehen ist kein Gemälde nach Daumier, nicht einmal nach Grosz, sondern nach Hieronymus Bosch. Das ist ja durchaus nichts Schlimmes: Die Fernsehwelt von Ginger und Fred ist ein gutgetroffenes derb-komisches Stück, doch es sprengt den Rahmen der Sittensatire. Das geht sogar so weit, daß all jene, die sich Fellini als Zielscheibe seines Spotts auserwählt hat, leichtes Spiel haben, wenn sie behaupten: ›Ja, aber wir sind doch gar nicht so ...‹«

Umberto Eco, »L'Espresso«, Rom, 2. Februar 1986

Intervista (Fellinis Intervista)
Italien 1987
Regie: Federico Fellini; *Drehbuch:* Federico Fellini; *Kamera:* Tonino Delli Colli; *Schnitt:* Nino Baragli; *Musik:* Nicola Piovani; *Produktion:* Ibrahim Moussa für Aljosha Film/RAI/ Cincecittà – *Verleih:* Tobis – *Länge:* 107 Minuten.
Darsteller und Personen: Federico Fellini (der Regisseur), Danilo Donati (der Ausstatter), Tonino Delli Colli (der Kameramann), Maurizio Mein (der Regieassistent), Pietro Notarianni (der Produzent), Lara Wendel (die Braut), Paola Liguori (die Diva), Nadia Ottaviani (Nadia), Anita Ekberg (Anita Ekberg), Marcello Mastroianni (Marcello Mastroianni).
Handlung: Die Studios der römischen Filmstadt Cinecittà liegen im Dunkeln. Plötzlich blenden Scheinwerfer auf, Autos

Ein Rückblick auf 30 Jahre Fellini: ›Intervista‹

rollen über die Studiowege, ein Kran wird installiert. Stimmengewirr zerstört die nächtliche Ruhe ... und dann kommt er: *Federico Fellini.* Er dreht eine Nachtszene für seinen

Wenn Tragödien zur Komödie geraten, kann kaum ein anderer als Fellini dahinterstecken: ›Intervista‹

neuen Film. Und nun kann das Publikum auf höchst unterhaltsame Weise Zeuge werden, welche Turbulenzen, welches Chaos, welche Komik es bedeutet, wenn der Meister des italienischen Filmes arbeitet.

Ein japanisches Fernsehteam interviewt während des Filmens den Maestro, und seine Erzählungen stürzen den Zuschauer in einen überwältigenden Strudel von Vergangenheit, Zukunft und Gegenwart, von Fiktion und Realität, der gar nicht mehr durchschaut werden soll.

Fellini: »Es sind die ersten Einstellungen für einen kleinen Film, der mit einem Traum beginnt: der klassische Traum ... in dem man fliegen kann. In meinem Traum konnte ich nicht erkennen, wo ich mich befand. Es war beunruhigend, und doch erschien mir die Umgebung ganz vertraut. Ich tastete mich mühsam voran – um mich tiefste Dunkelheit. Mit meinen Händen stieß ich an eine Wand, die sich ins Endlose hinzog. Sonst, in meinen anderen Träumen – oder in meinen Filmen –, befreite ich mich, indem ich einfach davonflog, aber diesmal, schon ein bißchen älter ... und ein bißchen schwerer geworden, konnte ich mich nur mit großer Mühe vom Erdboden lösen. Doch schließlich gelang es mir, und ich erhob mich in die Lüfte. Die Landschaft lag tief unter mir. Ich sah sie wie

Das Traumpaar von einst, für ›Intervista‹ wieder gemeinsam vor der Kamera; rechts Federico Fellini

durch einen Schleier ... Wo war ich? Wo war das? Das Universitätsgelände? Die Poliklinik? Ein Gefängnis? Ein Atombunker? Endlich begriff ist: Es war Cinecittà!«

Federico Fellini zieht den Hut vor den Mitstreitern seiner dreißig Jahre Cinecittà und zeigt diesmal all die vor der Kamera, die stets hinter ihr wirken und deren Namen für gewöhnlich im Nachspann aufzutauchen pflegen: seinen Produzenten *Pietro Notarianni,* den er mit beißender Ironie für einen ausgefallenen Komparsen in eine Faschisten-Uniform steckt, was dem *L'Unita*-Leser mehr als peinlich ist, den Regieassistenten *Maurizio Mein,* dem er nicht minder ironisch »ewige Jugend« bescheinigt, wird er doch nie selber Meister, sondern stets Assistent bleiben, den Ausstatter *Danilo Donati,* der in unzähligen Produktionen für die Konkretisierung verrückter Visionen verantwortlich zeichnete, den Kameramann *Tonio Delli Colli,* mit dem er in der Anfangszeit gemeinsam die Straßenbahn hinaus nach Cinecittà benutzte. Ein besonderer Spaß für Cineasten und Insider, jedoch so witzig und liebevoll inszeniert, daß an diesem Feuerwerk fellinesker Einfälle jeder seinen Spaß haben muß. *(Tobis-Text)*
Kritik: »Welch ein Anfang, welch ein Ende! Da brechen, als ob es ein Opus der Gewalt wäre, als ob Mafiosi zu Werke gingen, in der Dunkelheit große Limousinen hervor, stürmen auf ein Haus zu – doch es beginnt nur der Alltag in der römischen Cinecittà. Und am Ende, als die große Atelierhalle menschenleer dasteht und die grellen Scheinwerfer verlöschen, ruft die unduldsame Stimme des Produzenten, der – wo bleibt das Positive?! – nach einem Hoffnungsschimmer verlangt, nach einem Sonnenstrahl: Ein Arbeiter betritt die Szene und schlägt die Klappe, die erste für einen neuen Film. Federico Fellini, der nun bald 68jährige Regisseur, kann es nun mal nicht lassen, sich mit seinem Metier auseinanderzusetzen; seine geradezu permanente Zwiesprache mit dem Film (und dabei letztlich mit sich selbst) zieht sich wie ein roter Faden durch sein ganzes OEuvre: Immer wieder kommt

In seiner Funktion als Jury-Vorsitzender überreichte Robert DeNiro im Juli 1987 Fellini für seinen Film ›Intervista‹ den Hauptpreis des 15. Internationalen Filmfestivals von Moskau

er, fragend, suchend, provozierend, ironisierend, auf die Konfrontation mit dem Beruf des Regisseurs, des Schauspielers zurück.
Diesmal, so könnte man zunächst fast vermuten, ist es ein Abschied von den Träumen, vom Sich-Loslösen von der Erde; doch Fellini hebt ab von aller Erdenschwere, leichter, gelöster, sarkastischer, amüsanter denn je. Er überläßt sich (und damit zugleich auch den Zuschauer) seinen Träumen, seinen Erinnerungen, seinen Sehnsüchten und, nicht zuletzt, auch seinen Ironismen. Er konstruiert und rekonstruiert die bunte, laute, anmaßende, verrückte Welt des Films, sieht sie mit Abstand und doch zugleich auch aus unmittelbarer Nähe, betrachtet sich und seinen Werdegang (weit weniger kritisch,

auch weniger kontemplativ als einst in *Achteinhalb*) mit leiser Wehmut, doch ohne Verklärung – Fellini setzt, nicht ohne ein gewisses Maß an Eitelkeit, Fellini in Szene.

Dazu dient ihm – wie oft hat er nicht schon mit den Mitteln des Films im Film gespielt – ein japanisches Fernsehteam, das in Cinecittà Fellini bei der Arbeit beobachtet, ihm stets auf den Fersen ist, ihn – entsprechend dem italienischen Originaltitel – fortwährend mit einem Interview bedrängt. Und dieser äußere Rahmen bietet dem Magier Fellini Gelegenheit genug, sich seines Anfangs in Cinecittà im Jahre 1940 zu erinnern, als er als junger Journalist erstmals staunend und fasziniert in die Filmstadt kam, der er ein Leben lang treu geblieben ist, da ja nahezu all seine Filme im Atelier entstanden sind. Aus der Künstlichkeit der Studios wußte er eine neue, andere Realität zu formen, die ihrerseits nie frei war von komponierter Künstlichkeit – die Welt des Federico Fellini zwischen Traum und Trauer.

Diesmal freilich besteht der Reiz nicht zuletzt darin, daß er all seine langjährigen Mitarbeiter in ihren jeweiligen Funktionen vor die Kamera bringt: Danilo Donati, den Ausstatter, Tonino Delli Colli, den Kameramann, Maurizio Mein, den lebenslangen Regieassistenten, Pietro Notarianni, den Produzenten. Sie alle spielen, jeder auf seine einmalige und originale Weise, überzeugend sich selbst, sind, im Film im Film im Film (Fellini weiß sich durchaus Steigerungsmöglichkeiten zu bedienen), eben das, was sie ohnehin immer sind, Ausstatter und Kameramann, Assistent und Produzent. Doch Fellini scheut sich nicht vor bitterer, böser Charakterisierung, schreckt nicht vor Karikierung zurück; so etwa wenn er den Produzenten die ›L'Unità‹ lesen läßt und ihn dann, den kleinen, bösen Tyrannen, in eine faschistische Uniform steckt; so wenn er den Regisseur nicht nur als selbstgefällig exzentrischen Schreihals agieren läßt, sondern ihn als total Verrückten vorstellt; so wenn er die Diva als törichte, ungebildete, anmaßende Tyrannin porträtiert. Der schönen, bissigen Szenen gibt es viele.

Fellini baut, in dreifacher Dimension, die Welt des schönen Scheins auf: Während des japanischen Interviews inszeniert er, Fellini, einen kleinen Film über seine Erinnerungen, in denen selbstverständlich immer wieder Filme vorkommen, die gerade inszeniert werden – eine vielschichtige Reise in die Vergangenheit, in die Träume, in die Phantasie, die bei Fellini noch immer ungebrochen ist. Und auf dieser Fahrt in die Vergangenheit zerstört Fellini immer aufs neue jegliche Illusion, er zerbricht die Träume und die Bilder: Der Film im Film im Film beispielsweise zeigt eine komische exotische Szene voller Kitsch und Verlogenheit, nichts klappt bei Darstellern und Technikern, selbst die Elefanten aus Pappe verlieren ihren Rüssel – da tritt, wutentbrannt, der hysterische Regisseur eines der Pappmonster um. Das ist die eine Distanzierung von der Traumwelt. Doch dann tritt Fellini auf und bemerkt ganz trocken, der Regisseur habe das falsche Kulissentier zerstört, und streckt nun seinerseits den richtigen Elefantenbullen mit leichter Hand nieder. Die Realität des Films wird ad absurdum geführt, doch zugleich werden der Traumwelt neue Dimensionen eröffnet.
Während einer erregten Debatte im Studio, um noch ein anderes markantes Exempel für das Spiel mit der Phantasie zu erwähnen, erscheint im Fenster auf einer Hebebühne Marcello Mastroianni in dem Rollenkostüm eines Zauberers. Fellini entführt ihn in eine entlegene Villa, wo ihnen Anita Ekberg, die einstige Partnerin von Mastroianni, entgegentritt. Mastroianni, der alte Charmeur, setzt die ganze Gesellschaft einschließlich der hünenhaften Ekberg in Verzauberung: auf einer Leinwand erscheinen, Jahrzehnte jünger, Mastroianni und die Ekberg in Fellinis *La dolce vita,* sich liebend, in die Fontana di Trevi steigend, eine klassische, unvergeßliche Szene des Films, die urplötzlich wie eine Seifenblase zerplatzt. Aus der Traum. Doch Fellini träumt weiter, ein Zauberer, ein Illusionist, ein Desillusionist aber auch.
Er spielt fortwährend mit den Mitteln des Films, baut Erinnerungen auf, bedient sich mancher Zitate (auch der der Kom-

positionen zu seinen früheren Inszenierungen), läßt alles wie ein einziges großes Chaos erscheinen, und doch ist alles großartig kalkulierte Improvisation, ein durchkomponierter Film, der wie zufällig, wie unbeabsichtigt entstanden wirkt.
Sein ›Interview‹ ist, wenn beispielsweise alte Straßenbahnwagen für Filmaufnahmen durch Rom rollen, aber auch voller Poesie, die allerdings nur allzu schnell umkippt ins Irreale, wenn plötzlich am Wege Elefanten aufkreuzen (und, ein böser Seitenhieb im faschistischen Italien, von Abessinien die Rede ist) oder wenn Indianer einherreiten: Man ist aus der einen Unwirklichkeit in die nächste gekommen, von einer Dimension des Films in die andere, tiefere.
Und wenn am Ende wiederum (man denkt unwillkürlich sogleich an die Satire *Ginger und Fred*) Fernsehantennen in bedrückender Zahl auftauchen, dann sind das jedoch wieder die Lanzen der Indianer in Cinecittà, die das Filmteam Fellinis bedrängen. Aber sind es nicht doch die machtheischenden Zeichen des Kontrahenten Fernsehen? So wie die seelenlosen Wohnbetonblöcke am Rande Roms das einstige Freigelände der Filmstadt umlagern, einengen, wegdrücken im 50. Jahre von Cinecittà, der Fellini hier – wie sich selbst – ein Denkmal setzt. Fellini denkt, erzählt in Bildern, agil, aktiv, aggressiv.
Er läßt, auch dies eine alte Vorliebe von ihm, Gesichter, Typen suchen, auf den Straßen, in der U-Bahn, in den Studios. Es sind die Gesichter aus dem Volke, die Typen vollbusiger, voluminöser Frauen, Lieblingsgestalten vieler Fellinischer Filme. Er gibt sie, die Komparsen, die er zugleich liebt, die seine Filme der letzten Jahre nicht unwesentlich getragen haben, in ihrer harmlosen Eitelkeit, in ihrer liebenswerten Unbedarftheit dem Spott preis, wie er, nicht ganz ohne Eitelkeit, seine Welt der Ironie öffnet: beim Film sind alle verrückt, alle exzentrisch, alle nicht ernst zu nehmen. Fellini zerstört Legenden, vernichtet die Lügen der Ausstattungsfilme, löst Träume auf und baut, aus all den Bruchstücken, doch immer wieder neue Träume. Er ist, der große alte Mann des

italienischen Kinos, wesentlich jünger, experimentierfreudiger, wagemutiger, einfach lebendiger als viele seiner jungen Kollegen von heute.

Volker Baer, »Der Tagesspiegel«, 12. November 1987

Filmtitel-Inhaltsverzeichnis

Luci del varietà (Lichter des Varieté) 67
Lo sceicco bianco (Der weiße Scheich/Bittere Liebe) . 74
I vitelloni (Die Müßiggänger) 80
L'amore in città (Liebe in der Stadt) 86
La strada (La Strada) 88
Il bidone (Die Schwindler/Fellini's Gauner) 97
Le notti di Cabiria (Die Nächte der Cabiria) 105
La dolce vita (Das süße Leben) 112
Boccaccio 70 123
Otto e mezzo (Achteinhalb) 129
Giulietta degli spiriti (Julia und die Geister) 141
Tre passi nel delirio 148
Block-notes di un registra 152
Fellini-Satyricon (Fellini's Satyricon) 154
I clowns (Die Clowns) 165
Roma (Fellinis Roma) 169
Amarcord (Amarcord) 179
Casanova (Fellinis Casanova) 187
Prova d'orchestra (Orchesterprobe) 196
La città delle donne (Die Stadt der Frauen/Fellini's
Stadt der Frauen) 201
E la nava va (Fellinis Schiff der Träume) 206
Ginger e Fred (Ginger und Fred) 213
Intervista (Fellini's Intervista) 222

Register

A

Achteinhalb (Otto e mezzo) 19 ff., 49 f., 56
Acqua, Antonio 123
Agenzia matrimoniale 34
Aimée, Anouk 114, 130
Amarcord 7, 22, 58
Aumont, Tina 187

B

Baarova, Lida 80, *83*
Baas, Baldwin 196, *199*
Barker, Lex 114, *119*
Basehart, Richard 97, *98*
Beluzzi, Antonietta 179, *183*
Blake, Sue Ellen 97, *99*
Boccaccio 70 48 f.
Born, Max 154
Bovo, Brunella 74, *75*
Brancia, Armando 179, *181*
Browne, Cicely 187

C

Cardinale, Claudia 130, *139*
Casanova 58
Cocteau, Jean *17*
Cifariello, Antonio 86
Clowns, Die, Botschafter meiner Berufung 56
Colli, Tonino Delli 222
Colosimo, Clara 196
Cotetti, Duilio 30
Crawford, Broderick 38, 97, *98, 99*
Cuny, Alain 154, *157*

D

De Filippo, Eduardo 44
–, Peppino 38, *69,* 123
De Laurentiis, Dino 35, *43,* 52
Del Poggio, Carla 31, 67
De Niro, Robert *227*
Donati, Danilo 222

E

Ekberg, Anita *47,* 114, *115, 121,* 123, *125, 128,* 165
E la nave va (Fellini's Schiff der Träume) 61, 63

F

Fabrizi, Aldo 26 f., 31, 38
–, Franco 97, 214
Fare un film 60
Fellini, Federico (als Darsteller) 152, 222
–, Ida 25
, Urbano 25
Fellini: A Director's Notebook 54 ff.
Fellini's Gauner/Die Schwindler (Il bidone) 15, 38 ff.
Fellinis Intervista (L'intervista) 65

Fellinis Roma (Roma) 22, 38, 57 f.
Fellini's Satyricon (Satyricon) 22 f., 54 ff., *57*
Fellini's Schiff der Träume (E la nave va) 61, 63
Florence, Fiona 169
Fourneaux, Yvonne 114, *117, 118*

G

Geleng, Rinaldo 26
Germi, Pietro 31
Ginger und Fred *64,* 65
Giulietta degli spiriti (Julia und die Geister) 21 f., 50 f.
Gonzales, Peter 169

I/J

Il bidone (Fellini's Gauner/ Die Schwindler) 15, 38 ff.
Ingrassia, Ciccio 179, *181*
Interlenghi, Franco 80
I vitelloni (Der Müßiggänger) 33 f., 38, 54
Jefford, Barbara 207
Jones, Freddie 207
Julia und die Geister (Giulietta degli spiriti) 21 f., 50 f.

K

Keller, Hiram 56, *57,* 154

L

Labi, Elisabeth 196
La città delle donne (Die Stadt der Frauen) 22, 50 f., 60
La dolce vita (Das süße Leben) 16, 19, 39, 44 ff., 48, 54
La Strada 15, 31, 33 ff., 37, 40, *42*
Lattuada, Alberto 30 f.
Le notti di Cabiria (Die Nächte der Cabiria) 39 f., *41*
Lichter des Varieté (Luci del varietà) 13, 31 f.
L'intervista (Fellini's Intervista) 65
Lollobrigida, Gina *64*
Lo sceicco bianco (Der weiße Scheich/Bittere Liebe) 14, 32 f.
Luci del varietà (Lichter des Varieté) 13, 31 f.

M

Maggio, Pupella 179, *181, 182*
Magnini, Anna *48*
Mangano, Silvana 45
Masina, Giulietta *17,* 28, *29,* 30 f., 33, *35,* 40, *41, 43,* 44, *53, 64,* 67, *69,* 74, 88, *89, 90, 94, 95,* 105, *106, 109,* 141, *145,* 152, 214, *215, 217*
Mastroianni, Marcello 18, 23, 45, *49,* 50, 52, *61,* 114, *117, 118, 121,* 130, 131, *133,* 152, 201, *205,* 214, *215, 216*
Milo, Sandra 130, *131,* 141, *143*
Moraldo in città 38
Müßiggänger, Der (I vitelloni) 33 f., 38, 54

N

Nächte der Cabiria, Die (Le notti di Cabiria) 39 f., *41*

O

Orchesterprobe (Prova d'orchestra) 22, 60
Otto e mezzo (Achteinhalb) 19 ff., 49 f., 56

P

Pasolini, Pier Paolo 39
Périer, François 105, *109*
Pietrosi, Antonia 149
Pinelli, Tullio 30 f., 33 f., 38, 50
Pisu, Mario 141
Poletti, Victor 207
Ponti, Carlo 35
Potter, Martin 56, *57,* 154
Prova d'orchestra (Orchesterprobe) 22, 60
Prucnal, Anna 201

Q

Quinn, Anthony 41, *48,* 88, *89, 94, 95*

R

Randone, Salvo 149
Roma (Fellini's Roma) 22, 38, 57 f.

S

Satyricon (Fellini's Satyricon) 22 f., 54 ff., *57*
Sordi, Alberto 38, 74, *75,* 80, *81*
Sutherland, Donald 187, *188, 195*
süße Leben, Das (La dolce vita) 16, 19, 39, 44 ff., 48, 54
Stadt der Frauen, Die (La città delle donne) 22, 50 f., 60
Stamp, Ference 149
Stegers, Bernice 201

T

Tellini, Piero 26 f.
Tobi Damnit 22
Tognazzi, Ugo 52

V/W

Vanzina, Stefano 26
weiße Scheich, Der/Bittere Liebe (Lo sceicco bianco) 14, 32 f.
Welt von Alex, Die 56

Z

Zanin, Bruno 179